Carolin Emcke

Journal

Tagebuch in Zeiten der Pandemie

S. FISCHER

Aus Verantwortung für die Umwelt hat sich der S. Fischer Verlag zu einer nachhaltigen Buchproduktion verpflichtet. Der bewusste Umgang mit unseren Ressourcen, der Schutz unseres Klimas und der Natur gehören zu unseren obersten Unternehmenszielen.

Gemeinsam mit unseren Partnern und Lieferanten setzen wir uns für eine klimaneutrale Buchproduktion ein, die den Erwerb von Klimazertifikaten zur Kompensation des CO_2-Ausstoßes einschließt.

Weitere Informationen finden Sie unter:
www.klimaneutralerverlag.de

Originalausgabe
Erschienen bei S. FISCHER
2. Auflage März 2021

© 2021 S. Fischer Verlag GmbH,
Hedderichstr. 114, D-60596 Frankfurt am Main

Satz: Dörlemann Satz, Lemförde
Umschlaggestaltung: Büro KLASS, Hamburg
Druck und Bindung: CPI books GmbH, Leck
Printed in Germany
ISBN 978-3-10-397094-4

Für Peter Sillem

Montag, 23. März 2020

»Leonce: › *Tanze, Rosetta, tanze, dass die Zeit mit dem Takt Deiner niedlichen Füße geht‹ – Rosetta: ›Meine Füße gingen lieber aus der Zeit‹.*«

Georg Büchner, Leonce und Lena

Meine Füße gingen lieber aus der Zeit. Morgens beim Aufwachen schon, wenn die Luft, die durch das offene Fenster heranzieht, noch eiskalt ist und hilft, die Verwirrung über das Wachsein zu vertreiben. Was ist der Takt der Zeit? Was der richtige Rhythmus? Gehen meine Füße mit der rastlosen Zeit oder aus ihr heraus? Es wird unklarer jeden Tag, den wir in diesem Modus der Pandemie leben, denn sie hat ihre eigene Zeitlichkeit, Zeit, das ist die Währung, in der die Modelle der Virologen Hoffnung und Not quantifizieren, Zeit, die wir hier, in der Mitte Europas, nur haben, weil andere sie nicht hatten, Zeit, in der uns die Bilder aus China schon erreichten und die wir lange verstreichen ließen, als ginge uns das nichts an, ignorante Zeit, jetzt bedauerte Zeit, verlorene Zeit, Zeit, in der wir, die wir seit Jahren über die Globalisierung kritisch oder unkritisch nachdenken, so getan haben, als gäbe es sie nicht, als sei eine Krankheit in China eine Krankheit in China, als stürben sie dort anders als hier, als seien es andere Körper, andere Lungen (ist es das, was wir gedacht haben? Oder haben wir gar nicht gedacht?), als gäbe es das noch: geschlossene Räume, als gäbe es sie nicht: wechselseitige Verwundbarkeit, als wäre es nicht das, was uns human macht.

Was haben wir denn gedacht? Jetzt rückt sie vor, die Epidemie, Region für Region, und erteilt eine Lektion in Demut.

»Tanze, Rosetta, tanze, dass die Zeit mit dem Takt Deiner niedlichen Füße geht« – »Meine Füße gingen lieber aus der Zeit«, heute Morgen ist mir so, nach all den Tagen und Wochen der nervösen Dringlichkeit, mit der jede neue Nachricht, jede Statistik, jede Kurve, jede Grafik im allzu eiligen Rhythmus nachvollzogen wird, heute wollen die Füße aus der Zeit. Wann war das letzte Mal, dass ich morgens den ersten Tee vor den Neuinfektionsraten hatte? Wann habe ich das letzte Mal morgens erst Musik vor den Nachrichten gehört? Wann habe ich zuletzt das Langsame dem Schnellen vorgezogen? Wie wäre es, die Reihenfolge umzukehren: erst Bach zu hören, erst das Ewige in sich einziehen zu lassen, erst sich zu wappnen, und dann Krankheit und Not auf sich einprasseln zu lassen, erst dann sich diesem Tempo zu ergeben, das nicht einmal unrealistisch, nicht aufgeregt, sondern realistisch und angemessen ist.

Seit Abend gilt die veränderte Kontaktbeschränkung, Spazierengehen allein oder zu zweit ist noch erlaubt, das klingt weniger existentiell als es ist, anders gesagt: es ist noch erlaubt, raus zu gehen und sich zu beruhigen, sich zu besprechen, sich zu versorgen, sich zu loten, es ist noch erlaubt, auszubrechen aus der Wohnung, die schon zu eng ist, wenn die Kinder in der Schule und die Eltern bei der Arbeit sind und in der nun alle aufeinander hocken, es gibt noch ein Draußen, es ist noch erlaubt, sich zu retten vor der Melancholie, der Einsamkeit und den Ängsten, die viele in der Isolation befallen, es ist noch erlaubt zu fliehen, vor den Schlägen, der Misshandlung, der Gewalt, die vielen in der eigenen Beziehung drohen.

Heute also ein anderer Takt. Heute keine Todeszahlen vorm Frühstück. Erst Tee, dann Bach, dann beides. Und dann ein Spaziergang. Ich bin Landkarten-Fetischistin. In meiner Wohnung stapeln sich Landkarten, antiquarische, zeitgenössische, sie sind gefaltet, befleckt, markiert, beschriftet, es gibt sie in den verschiedensten Sprachen von den Reisen durch die versehrten Gegenden der Welt, ich bin so versessen auf Landkarten, dass ich mir im Ordnungsamt von Kreuzberg, vor einigen Jahren, bei irgendeiner Pass-Erneuerung, mal eine Bezirkskarte habe schenken lassen. Das »Amt für Stadtplanung, Vermessung und Bauaufsicht« hat Friedrichshain-Kreuzberg im Maßstab 1:12500 kartographiert. Das ist, salopp gesagt, ein echt großer Lappen und es braucht schon eine gewisse Nerdigkeit, um damit in Zeiten digitaler Routenplaner selbstbewusst auf die Straße zu gehen. Aber ich lieb's. Gäbe es keine Kontaktbegrenzung, würde ich dem »Fachbereich Vermessung«, der die Karte anscheinend hergestellt hat, gleich einen Besuch abstatten und mich bedanken. Egal. Das ist das Programm für heute: einmal um Kreuzberg herum spazieren. Für eine Ausgangsbeschränkung ein recht umfangreicher Spaziergang, fällt mir auf, aber ich könnte es, trotz Spaziertempo auch einfach als Sport ausgeben.

Das war ein strahlender Tag. Durch die Straßen Kreuzbergs zu stromern, ohne Absicht, ohne Termin, nur zu spazieren, ohne einzukaufen, fühlt sich seltsam prekär an, als fehlte eine offiziell akzeptable Intention, nicht illegal, aber fast unanständig übermütig. Nur die Hundebesitzer wirken selbstbewusst, weil sie ihren Passier-Schein praktisch-sichtbar an der Leine führen. Es ist eiskalt und die Unterbrechung des Takts der Nachrichten ist wohltuend, auch wenn jeder Straßenzug schmerzt, jedes geschlossene Geschäft wie ein vorauseilender Abschied: wird dieser Laden, dieses Kino, diese Shisha-Bar jemals wieder öffnen können, wer wird diese Zeit überstehen, wessen Existenz wird vernichtet werden? Die Baklava liegen immer noch in den Schaufenstern, aber jetzt »nur to go«, die Leihhäuser sind geöffnet, als ich vor einem stehenbleibe, kommt sofort der Besitzer und will mich einlassen, ich frage mich, ob in den offiziellen Anordnungen Leihhäuser überhaupt gelistet wurden, aber ich hoffe, dass sie zur Kategorie »Bank« zählen. Vielleicht hätte sich früher geschämt, wer hier eintreten muss, vielleicht ist wenigstens das jetzt »normaler«.

Unheimlich wird es bei der Topographie des Terrors, alles still, am Checkpoint Charlie, an dem sonst das idiotische »*Re-enactment*« durch den Soldat-spielenden Schausteller statthat, an dieser Stelle, an der sonst hundertfach sinnentleerte Selfie-Sucht sich präsentiert – kein Mensch nirgends.

Die Grenze von Kreuzberg verläuft für eine Weile parallel zur früheren Berliner Mauer, im Boden ist eine Linie, der es sich folgen lässt … und während ich an der unsichtbaren Mauer entlang laufe, frage ich mich, in welchen Bildern, welchen Formen einmal dieser Pandemie gedacht wird? Wie werden wir uns erinnern, woran werden wir uns erinnern wollen, was werden wir leugnen, das es gegeben haben wird, welche Bilder werden zu Ikonen, wessen Erfahrungen werden gewürdigt, wessen nicht, welche Geschichten werden wir erzählen als wären sie wahr?

Bevor auch meine Geschichte im Nachhinein sich verfälscht, möchte ich festhalten: ich habe abgekürzt. Die ganze Strecke um Kreuzberg herum war doch zu lang. Aber ich verspreche: wenn diese Krise vorbei ist, wenn ich heil daraus hervorgehe, werde ich es noch einmal versuchen.

Abends beim »Scrabble« versucht meine Freundin das Wort »Axtmord« zu bilden, nun ja, ein bisschen früh im Verlauf der häuslichen Rückzugs-Phase, wie mir scheint, aber wer weiß, was noch kommt – und so winke ich allerlei nicht ganz Duden-sichere Begriffe großzügig durch.

Dienstag, 24. März 2020

*»La tierra vive ahora / tranquilizando su interrogatorio, /
extendida la piel de su silencio«* –
*Die Erde lebt leiser nun, / gelinder ist ihr Verhör, /
ausgebreitet das Fell ihres Schweigens«*

Pablo Neruda

Das schrieb Neruda über den »Garten im Winter«. Es fällt
mir ein, in dieser Stille, die sich ausgebreitet hat in Berlin.
Die Stille ist unwirklich, nicht, weil sie ungewohnt wäre,
sondern weil sie den Lärm, der folgen wird, in sich trägt. Es
ist wie bei einem Tsunami: man steht noch mit festem Boden unter den Füßen am Strand und sieht wie sich das Meer
zurückzieht – und weiß: das Wasser wird in einer sehr sehr
langen Welle heranrauschen. Welche Kraft sie hat, was sie
verwüsten kann, was uns (womöglich) erwartet, sehen wir
in Bergamo, in Madrid, diese Zeit-Verzögerung, in der wir
vorausschauen können, was in ähnlicher Weise auch hier
geschehen wird, oder was, wenn es nicht geschehen sollte,
dann auch deshalb nicht, weil wir weniger unwissend, weniger ahnungslos gewesen sein werden. Die Gnade der spä-

ten Ausbreitung, so widerwärtig und zynisch das klingt, ist leider wahr: je später eine Region getroffen wird, je mehr Erfahrungswissen mit der Krankheit woanders schon gesammelt und weitergegeben wurde, je mehr sich aus gelungenen oder misslungenen Versuchen der Eindämmung der Infektionen an anderen Orten lernen lässt, desto besser (die USA werden vermutlich das selbstverschuldete Gegenbeispiel sein). Das gleicht nicht die sonstigen sozialen, ökonomischen, topographischen Unterschiede aus. Das hilft nicht in »späten Gegenden«, wenn sie strukturell arm und vernachlässigt oder dicht besiedelt sind. Für Megastädte wie Lagos oder Dhakka, Karatchi oder Mexiko-Stadt wird auch der zeitliche Vorsprung kaum ausreichen.

Wir alle haben unterschiedliche Orte, mit denen wir besonders uns verbunden fühlen, der Wald, in dem wir als Kind verschwunden sind, der Fluss, an dem wir uns mit jedem vorbeifahrenden Frachter weggeträumt haben, aber es gibt auch jene Gegenden, die uns als Erwachsene besonders geprägt haben, an denen wir hängen, in denen sich etwas der eigenen Lebensgeschichte besonders verdichtet, die wir mit Glück oder mit Begehren assoziieren oder mit besonderen Menschen. Und so denken viele von uns, in dieser globalen Krise, auch an diese nahen-fernen Orte, an die Angehörigen dort, die eigene Community, die Freund*innen. Die erste Stadt, in der ich gelebt habe, nachdem ich zuhause ausgezogen bin, die Stadt, mit der ich Freiheit verbinde, Aufbruch, die erste Stadt, in der ich eine Ahnung entwickeln konnte, wie mein Leben aussehen könnte, war Madrid. Vielleicht ist das der Grund, warum ich die Bilder aus Madrid nicht ertrage. Vielleicht auch, weil ich nicht verstehe, warum Hilfe für italienische und französische Patienten möglich ist, aber nicht für spanische? Nicht für griechische? Nicht für rumänische?

Wo ist Europa? Fällt uns im ersten Moment wirklich nichts Besseres ein als die nationalstaatliche Regression? Meine Körper, Deine Körper? Meine Toten, Deine Toten? Ist das die neue Formel? Wie in der Finanzkrise 2008–2009, meine Schulden, deine Schulden? Die Schulden, die wir jetzt auf uns laden, werden aus anderem Material sein. In den letzten Tagen werden französische und italienische Patienten in unterschiedliche Bundesländer geflogen und hier intensivmedizinisch gepflegt – das ist richtig, das ist genau das, was es braucht. Aber das ist zu wenig. Da sterben Menschen, da können Kliniken in der Lombardei und im Elsass und in Katalonien die Not nicht mehr lindern, da werden die Leichen nur noch abtransportiert und zu Gräbern verbracht, ohne Angehörige, ohne Freund*innen, ohne Abschied. Wo ist Europa? Da harren in Griechenland auf den Inseln Geflüchtete aus, unter beschämenden Bedingungen, da wird das Wasser im Lager von Moria knapp, und während Tausende gestrandete Urlauber in einer beispiellosen Aktion vom Auswärtigen Amt zurück geflogen werden (dank an alle, die das leisten in den Krisenzentren da im AA), da soll es nicht möglich sein, mindestens die unbegleiteten Kinder herauszuholen? Der Fokus auf Kinder hat sich etabliert, als ob es das brauchte, um Mitgefühl zu aktivieren. Als ob nicht nur Masken eine knappe Ressource wären, als wäre das Reservoir für Empathie erschöpft und nur noch

15

für unterernährte, frierende Kindern anzapfbar. Mir sind in allen Lagern, in denen ich je war, vor allem die Männer aufgefallen, die apathisch, niedergeschlagen dort hockten und mit der eigenen Ohnmacht am wenigstens zurecht zu kommen schienen. Aber das spricht schon gar niemand mehr aus: dass es alle Menschen dort herauszuholen gilt. Es traut sich schon niemand mehr, das Selbstverständliche zu fordern, wir haben die Erwartungen an das Asylrecht so heruntergeschraubt, die Erwartungen an europäische und internationale Garantien, an das, was früher einmal ein Rechtsanspruch war und seit langem nur noch als Simulation von Asylrecht besteht, wir haben die Erwartungen an uns selbst, wer wir sein wollen und können, so heruntergeschraubt, dass wir nicht einmal mehr spüren, wie wir versagen.

Es sollte gar niemand unter solchen Bedingungen leben. Niemand in Europa wird sagen können: dies sei unbemerkt geschehen, man habe es nicht gewusst, man habe es sich nicht vorstellen können.

Abends gibt es eine Skype-Schaltung nach Jerusalem, damit mir beim Kochen von »*Mujadara*« meine palästinensische Freundin Salwa über die Schulter schauen kann. Erst hatte ich eine Einkaufsliste diktiert bekommen, nun wurde via Skype strengstens jede Handbewegung kontrolliert, korrigiert, gemaßregelt … ab und an auch gelobt. Spärlich. »*Mujadara*«, hatte Salwa mir vorab erklärt, sei ein sehr sehr sehr einfaches Gericht, das würde niemand wirklich »für Gäste« kochen, Gäste, so hieß das implizit, bräuchten Fleisch, aber uns zu liebe gab es nun also ein Linsen-Reis-Gericht mit Joghurt und Salat … am Ende dann doch noch ein glücklicher Tag.

Mittwoch, 25. März 2020

»*Wenn er nicht sprach, hatte er keine Geschichte und
keine Sprache, war wie ein Obdachloser ohne Heimat*«

Olga Tokarczuk, Jakobsbücher

Es läuft die Übertragung der Debatte aus dem Bundestag.
Die Sitzordnung ist geändert: zwei freie Plätze zwischen den
Abgeordneten macht es angenehm ruhig und verhindert das
Kumpelhafte, das mich sonst oft irritiert, wenn niemand zuhört und in Privatgespräche abtaucht. Jetzt sitzen alle zwar
in ihren Fraktionen, aber etwas auf sich allein gestellt. In
den Talkshows haben die größeren Abstände wiederum zu
gar nichts geführt, außer: größeren Abständen. Die Möglichkeit, so eine Krise auch zur kritischen Selbstbefragung
zu nutzen, sich zu überlegen, welche Form von Gespräch
es bräuchte, um zur Abwechslung auch mal so etwas wie
Erkenntnis zu generieren, welche Form der Ansprache für
bestimmte Gäste, welche Dramaturgie es braucht, damit
die Verbindungen zwischen medizinischen, sozialen, psychologischen Fragen als Verbindungen auch sichtbar werden, was es bedeutet, wenn eine Epidemie noch nicht ganz

entschlüsselt, nicht ganz verstanden ist, wenn mit Modellen gearbeitet wird, die erst nach und nach mit größeren, präziseren Datenmengen gefüttert werden können ... über all das hätte nachgedacht werden können.

Womöglich hätte das dazu geführt, eine Sendung auch einfach mal nur mit einem oder zwei Gästen zu machen, und ihnen den Raum zu geben, den sie brauchen, um die komplexe Analyse nicht zu verstümmeln, um Ambivalenzen nicht zu verschlichten, um nicht zu pseudo-Eindeutigkeiten genötigt zu werden. Es ist auch ein epistemologischer Stresstest für die Gesellschaft: es können immer nur Gründe angeboten werden, das Wissen ist vorläufig, es müssen Praktiken eingeübt, politische Entscheidungen getroffen werden, die eben nicht alternativlos sind, die auf Annahmen über einen Krankheitserreger beruhen, die womöglich noch erweitert, verändert, korrigiert werden müssen. Das ist es, was Prof. Drosten mit gezügelter Ungeduld zum wiederholten Mal zu erklären versucht: es ist ein dynamischer Lernprozess. Wir werden später wissen, wie wir uns geirrt haben.

Ein Journal wie dieses wird auch ein Journal der Fehleinschätzungen sein, der falschen Töne und Begriffe, das wird sich erst nachträglich zeigen, es kann nur die sich verändernde Zeit und mein Nachdenken darin bezeugen. Das Schreiben hilft. Ohne Sprache, ohne das Schreiben fühle ich mich wie ein Obdachloser ohne Heimat. Als die Theater schlossen, als ich jeden Tag im Kalender eine Lesung, einen Vortrag, eine Reise ausradieren musste, als uns allen, die wir im öffentlichen Raum denken, sprechen, spielen, musizieren, auftreten, die Grundlage unserer Arbeit entzogen wurde, da brach blankes Entsetzen aus. Wer würde das finanziell überleben? Wer jetzt nicht durch öffentliche Gelder stabilisiert ist, wer individuell oder als Institution abhängig ist von einem zahlenden Publikum, von Menschen, die eine Eintrittskarte bezahlen oder ein Buch kaufen oder die ein Digital-Abo abschließen, dem geht bald die Luft aus. Auch mir fehlen nicht nur die Einnahmen, sondern das Gespräch, die Lesung, das Auftreten im Theater, in einem Club, an einem öffentlichen Ort. Mir fehlt es, Menschen in einem Raum zu begegnen, ihre Körperlichkeit zu spüren, ihre Reaktionen hören und aufnehmen zu können.

Im Netz überschlagen sich kreative und nicht-so-kreative-Formate, manche fürchten nicht nur um ihre ökonomische Existenz, sondern auch ihre gesellschaftliche: wenn wir jetzt nicht nachweisen, was wir können, wenn wir jetzt nicht begründen, warum es uns, die wir Geschichten erzählen, fiktive oder nicht-fiktive, die wir die Wirklichkeit verwandeln oder beschreiben, die wir Trost spenden oder Wissen vermitteln, die wir Wörter oder Konzepte wiegen und für zu leicht befinden, die wir Lügen entlarven, Missverständnisse analysieren, demokratische Rechte und Räume verteidigen, wenn wir jetzt nicht zeigen, warum es auch uns braucht, dann werden wir nicht überleben … manche treibt der Gemeinsinn, manche wollen sich engagieren, wollen weiter ihre Kreativität, ihre Kraft einsetzen für andere … manche produzieren gegen den eigenen *horror vacui* an, eine riesige Angstvertreibungs-Kommunikationsmaschine. Das ist so verständlich wie berührend – und so verausgaben wir uns alle, wo es nur geht. Aber wahr ist leider auch, dass wir womöglich langfristig so die Erwartung erzeugen, alles umsonst anbieten zu können, dass wir im Versuch, den eigenen Wert zu begründen, uns gleichsam wertlos machen.

Im Bundestag wird nun der Fetisch Schuldenbremse kassiert. Vielleicht funktioniert die »Schock-Therapie«, der Wiederaufbau nach Krisen und Kriegen, auch nicht nur (in Naomi Kleins bitterer Analyse) als perfide Strategie, neoliberale Strukturen zu etablieren, wenn Gesellschaften oder Staaten zu wehrlos und zerstört sind, um aus eigenen Mitteln das aufzubauen, was es bräuchte: eine soziale Infrastruktur, die die Teilhabe aller ermöglicht. Vielleicht bietet diese furchtbare Krise eine umgekehrte »Schock-Therapie«, in dem sie die Privatisierung und Ökonomisierung von allen Lebensbereichen endlich in Frage stellt. Vielleicht ist diese Krise wie ein Kontrastmittel, das sichtbar macht, was in unseren Gesellschaften fehlt, was wir fahrlässig geschwächt haben, welche Ungleichheiten toleriert, wem Anerkennung verweigert wurde und wem angemessener Lohn. Der Applaus dieser Tage für die vielen Berufsgruppen wird von einer symbolischen Geste zu substantieller, materieller Wertschätzung führen müssen.

Trotzdem bleibt es ein unwirkliches Moment, zu sehen, wie da abgeräumt wird, was lange als unantastbar galt. Aber das ist immer noch nur eine nationale Reaktion. Es wird eine europäische Antwort brauchen, die die Asymmetrien, die 2008–2009 geschaffen hat, nicht reproduziert. Die südlichen Länder erneut allein zu lassen mit ihrer Not, wäre unverzeihlich. Es wäre vermutlich auch das Ende Europas.

»Risikogruppe«
»system-relevant«
»Vorerkrankung«
»gesund«
»krank«
»positiv«

Worte mit Bedeutungs-Verschiebungen. Worte, die auf einmal stigmatisieren, Worte, die auf einmal nicht mehr stigmatisieren, Worte, die alte Erfahrungen aufrufen, alte Wunden, Worte, die ihre Präzision verlieren, Worte, die aufgeladen werden, die belasten, Worte zum Sammeln.

Ich weiß nicht, ob man zu einer »Risikogruppe« gehören muss, um sich unwohl zu fühlen, ob man homosexuell sein und die Geschichte des Aids-Aktivismus kennen muss, um die Veränderung der sozialen Bedeutung von »positiv« zu registrieren. Auf einmal erzeugt es Mitleid. Ein Wörterbuch in Zeiten der Epidemie.

»Biopolitik« …

Erstmals abends keine internationalen Nachrichten mehr. Es reicht gerade noch für alberne Videos. Ellen de Generes baut Lego. Australischer Tierpfleger tanzt vor der Kamera im Zoo. Nachts ist es auf einmal ganz still: die lärmenden, feiernden Airbnb Touris im Hof fehlen, oder: fehlen nicht.

Donnerstag, 26. März 2020

>>*Nachdem der anästhisierende Einfluss der Gewohnheit
aufgehört hatte, begann ich zu denken, zu fühlen –
beides traurige Dinge.*<<

Marcel Proust, In Swanns Welt

In diesen Zeiten, in denen alte Praktiken und Gewohnheiten ab- und neue antrainiert werden sollen, in denen auch die Gesten und Codes, in denen wir Zuneigung ausdrücken, umcodiert werden müssen, entweicht die Trauer. Das hat auch etwas Gutes, dass wir hinspüren können, was unterhalb der Disziplin, jenseits der Routine, abseits der Konvention denkbar wäre. Das ist keine Aufforderung zur pseudo-Dissidenz gegen gut begründete, nachvollziehbare, zeitlich begrenzte Einschränkungen. Aber jeden Tag an sich zu erleben, was geschieht, wenn etwas Ritualisiertes auf einmal nicht mehr gedankenlos ablaufen kann, wenn wir andere Lebensformen, andere Techniken uns aneignen müssen, das löst Verunsicherung aus, aber eröffnet auch (da ist Proust zu melancholisch) Räume.

Vor allem gibt es auch Praktiken und Gewohnheiten, gibt es auch Erfahrungen, die besonders belastbar, besonders hilfreich sind. »*One who has lived with death and disease as close companions maybe be less undone by their reappearance.*«, schreibt die amerikanische Autorin Ingrid Norton in einem klugen Text für das »*Point Magazine*«, das ein »*Quarantine Journal – Notes from Inside*« veröffentlicht. »Wer mit Tod und Krankheit als engen Gefährten gelebt hat, wird vielleicht weniger angefochten durch ihre Wiederkehr«. Wer schon von Kindheit an gelernt hat, Krankheit und Gesundheit als etwas Unverfügbares zu denken, wer geübt darin wurde, auf jemand anderen in der Familie, auf ein Gebrechen, auf eine Behinderung, auf Schmerzen Rücksicht zu nehmen, der fällt es womöglich leichter, dies auch in größerem Kontext zu tun.

Was Norton nicht schreibt: für manche, die mit Tod und Abschied in nicht-demokratischen Kontexten bittere Erfahrungen gemacht haben, für manche, die in Gegenden gelebt haben, in denen Ausgangssperren mit der brutalen Gewalt einer Junta oder eines Polizeistaats durchgesetzt wurden, in denen die Beschränkungen nur für bestimmte Bevölkerungsgruppen galten und nicht für alle, für manche, die das prekäre, verletzbare Leben erfahren mussten in einem Coup, einem Krieg, einer Naturkatastrophe, für sie alle kann die Wiederkehr mancher Szenen auch re-traumatisierend sein.

In Zeiten der Not werden, mehr oder weniger bewusst, Routinen oder Objekte aus der Kindheit wieder angespült wie Treibgut. Wir nehmen sie auf und wahr, weil sie Halt geben oder Trost spenden. Ob nur als magisches Denken oder auch mit praktischem Nutzen, das spielt fast keine Rolle. Bei uns lässt sich die Kindheit, die wieder präsent ist, riechen: *lavandina* oder Chlorbleiche, damit verbindet sich für meine Freundin beides: die Erinnerung an Argentinien, das Glück des vertrauten Geruchs, aber auch schlicht der mehr oder minder sinnvolle Putzrausch. Ich vermute zwar, das Zeugs ist nah an einem bio-chemischen Kampfstoff und sollte irgendeiner Waffenexportbeschränkung unterliegen, aber auch mich versöhnt und beruhigt die Assoziation.

In meiner Patientenverfügung sind alle möglichen Eventualitäten bedacht, mögliche Unmöglichkeiten, es ist bedacht, unter welchen Umständen ich, oder das, was dann noch »Ich« genannt werden kann, am Leben erhalten werden möchte, wer an meiner statt für mich entscheiden soll. Wie das so üblich ist, vermute ich. Aber immer wird dabei mein (Über-)Leben zu meiner körperlichen oder geistigen Verfassung ins Verhältnis gesetzt, oder: meine Vorstellung des Lebens zu der realen Möglichkeit, ein solches Leben leben zu können, ins Verhältnis gesetzt.

Aber die Möglichkeit, dass mein Leben ins Verhältnis zu dem Leben einer *anderen* Person gesetzt werden muss, die war nicht bedacht.

In den letzten Tagen ist diese Überlegung durch die dramatischen Zustände in den mit Covid-19 Fällen überforderten

Kliniken in Italien nicht mehr abstrakt, sondern konkret geworden. Das, was aus Krisengebieten bekannt ist, das Prinzip der Triage, es muss in diesen Tagen für diese Epidemie in Europa ausdifferenziert und vermittelt werden. Nicht allein, damit wir als Gesellschaft, als potentielle Patient*innen verstehen, nach welchen Kriterien in der Not knapper Ressourcen womöglich Menschen priorisiert werden, sondern vor allem um all denen, die in der Notfall- und Intensiv-Medizin arbeiten, eine Richtschnur zu geben, die ihnen die furchtbaren Entscheidungen zwar nicht abnimmt, aber ihnen Orientierung durch Kriterien oder Verfahren nahelegt. Ich beneide niemanden, dem oder der diese Last auferlegt wird. Alle in meinem Freundeskreis, die in unterschiedlichen Funktionen, in unterschiedlichen Praxen oder Kliniken arbeiten, erlebe ich schon seit Wochen als beeindruckend nachdenklich und sorgsam, als ob das selbstverständlich wäre, was sie tun, was sie für uns tun.

Nun gibt es dazu ein wichtiges Dokument, das sieben deutsche Fachgesellschaften miteinander verabschiedet haben: »Entscheidungen über die Zuteilung von Ressourcen in der Notfall- und Intensivmedizin im Kontext der Covid-19-Pandemie. Klinisch-ethische Empfehlungen« – und auch wenn alles dafür getan wird, dass es genügend Kapazitäten in den Kliniken gibt, auch wenn alles dafür getan wird, dass nicht zu viele Menschen gleichzeitig intensiv-medizinisch betreut werden müssen, auch wenn alle hoffen, dass der zeitliche Vorsprung und die Ausstattung dem erwarteten Ansturm standhalten – es braucht das Nachdenken in diesen Szenarien. Auch das heißt Fürsorge: dafür zu sorgen, dass die Mediziner*innen nicht allein gelassen werden mit emotional und moralisch unerträglichen Entscheidungen.

Aber was bedeutet das für mich als Patientin? Wie muss ich über mich als mögliche Patientin unter diesen Bedingungen nachdenken? Wenn auch mein Leben berechnet wird, wenn die Wahrscheinlichkeit des Überlebens gegen die Wahrscheinlichkeit des Überlebens eines anderen kalkuliert wird? Darüber steht nichts in meinen Verfügungen.

Die Empfehlungen der italienischen Gesellschaft für Anästhesie, Analgesie, Reanimations- und Intensivmedizin (SIAART) enthalten, wie jetzt zu lesen war, eine gespenstische Kalkulation: dort wird nicht allein die Frage gestellt wird, wessen Leben mit größerer Wahrscheinlichkeit zu retten ist, sondern (in einem zweiten Schritt) wie viele Lebens-Jahre potentiell zu retten wären.

Wenn nicht mehr alle Leben gleich viel zählten, wenn es nicht mehr ein Recht auf Leben gäbe, sondern wenn potentiell mehr zu rettende Lebensjahre gegen potentiell weniger zu rettende Lebensjahre kalkuliert würden, was heißt das? Die Professorin für praktische Philosophie, Weyma Lübbe, von der Universität Regensburg, hat über die Folgen dieser Verschiebung, die in den italienischen Empfehlungen sich finden, einen bemerkenswerten Text im »Verfassungsblog« geschrieben.

Das eine ist, diese medizin-ethischen Fragen institutionell zu stellen, also Kriterien für die Kliniken zu entwickeln, und sie als Gesellschaft zu erörtern. Das andere ist aber, ob ich mir diese Frage auch selbst stellen kann, ob es zumutbar ist dahinzudenken: dass mein Überleben auf einmal jemand anderem das – vielleicht weniger wahrscheinliche, aber doch mögliche – Über-Leben kosten kann.

Beim Nachdenken über den Tod, den eigenen und den anderer, sind die Lebensjahre meist weniger bedeutsam als solche Szenarien nahelegen. War oder ist es ein gutes gelebtes Leben, was war nicht genug, was war zu viel, wieviel Schuld gäbe es noch abzutragen, wieviel Dankbarkeit noch zu vermitteln, habe ich ausreichend geliebt, geholfen, gefochten?

Was schreibe ich also hinein in so einen Patientenwillen: es war gut bis hierher, alles weitere wäre ein Nachschlag?

Freitag, 27. März 2020

Wieder so ein strahlend klarer Tag. Bald wird es wärmer. Der Magnolien-Baum im Hof steht schon in voller Blüte. In der Nacht kam die Einladung zu einer »Online-Demonstration«, am Sonntag, zwischen 16h und 18h soll unter dem Slogan »*LeaveNoOneBehind*« für Solidarität mit den Menschen in den griechischen Lagern demonstriert werden. Nicht auf der Straße, sondern auf einer »virtuellen Route«. Der Verein Seebrücke e. V. hat dazu aufgerufen. Es geht um die dringend notwendige Evakuierung der Lager, denen der humanitäre Zusammenbruch droht, und die Aufnahme der verzweifelten Menschen. Wer sich beteiligen will, so steht es in dem Rundschreiben, kann »Schilder und Banner basteln« und Photos davon an die Organisatoren schicken: online-event@seebruecke.org

Ich freue mich auf das Wochenende, auch wenn diese Wochen ihre Struktur schon längst verloren haben. Ich werde versuchen, innezuhalten, werde etwas lesen, was nicht instrumentell zum Verstehen dieser Krise ist, werde Musik hören, vielleicht besonders die von Menschen, mit denen ich befreundet bin, die jetzt nicht auftreten können, Igor Levit spielt jeden Abend seine Hauskonzerte, der Glückliche und Beglückende, aber für andere, die ein Orchester

30

oder ein kammermusikalisches Ensemble brauchen, ist das schwerer, vielleicht spiele ich auch etwas Tanzbares, von DJ Ipek oder anderen, die nicht auflegen können, oder schaue eine der klassischen Inszenierungen der Schaubühne, die nun im Netz Abend für Abend zu sehen sind.

Vielleicht wäre das eine gute Form, dieses Journal ins Wochenende zu leiten: indem ich ein Buch empfehle, eine musikalische Aufnahme, etwas, das den Rhythmus dieser Tage unterbricht, etwas, das einen Horizont aufzeigt, das nicht ablenkt, das nicht beschönigt, das nicht einlullt, sondern trifft und überzeugt, durch analytische Präzision oder poetische Dichte, durch klugen Witz oder überbordende Phantasie, durch ungezügelte Spielfreude oder was immer uns berühren mag in diesen ungewöhnlichen Zeiten.

Hier also eine Empfehlung: »Inniger Schiffbruch«, der neue Roman von einem meiner liebsten Autoren: Frank Witzel, das flirrende, bezaubernde, rätselhafte Nachdenken über die eigenen Eltern, anhand von Traumfetzen, instabilen Erinnerungen, aber vor allem anhand von Briefen und Fotos aus dem Nachlass der Eltern erzählt Frank Witzel nicht nur von einer Kindheit, sondern auch der historischen, ideologischen, psychologischen Zeit, die sie geprägt hat. Nach Annie Ernaux' »Die Jahre« und Maria Stepanovas »Nach dem Gedächtnis« das klügste und zarteste Buch über die Bedingungen der Möglichkeit, die eigene Kindheit, die eigene Familiengeschichte, überhaupt individuelle und kollektive Geschichte zu erzählen. Frank Witzel versteht es wie niemand sonst, den Grad des Nicht-Wissens, nicht-Verstehens auszuhalten, nichts deuten zu wollen, das sich nicht erschließt, die Lücken und Widersprüche gelten zu lassen, das ist mitunter hinreißend komisch, dann wieder bitter traurig – und es ist eine grandiose Lektüre. Und, weil es Musik ist, die für mich mit Erinnerungen verkoppelt ist, und sie mich immer noch zum Lachen bringt vor schierer Freude an der Improvisationslust der Musiker: »*Friday Night in San Francisco*«, die Aufnahme des live-Konzerts von Al DiMeola, John McLaughlin und Paco de Lucia aus dem *Warfield Theatre* in San Francisco am 5. Dezember 1980. Und das Improvisieren müssen wir alle wieder etwas üben, einzeln und miteinander. Passen Sie aufeinander auf und bleiben Sie zu Hause.

Montag, 30. März 2020

»Geschichten werden erzählt, um etwas zu vertreiben.
Im harmlosesten, aber nicht unwichtigsten Fall: die Zeit.
Sonst und schwerwiegender: die Furcht.«

Hans Blumenberg

Die Woche beginnt mit einer Lüge. Es mag ein Detail
sein, das nicht stimmt, aber es ist eben doch eine Lüge. Ich
schreibe dies nicht am Montag, dem 30ten. Montag war gestern. Ich schreibe mit einem Tag Verzögerung, das Schreiben
hinkt dem erlebten Tag hinterher wie ein versteiftes Bein,
das nachgezogen wird und einen synkopischen Rhythmus
erzeugt. Gestern konnte ich nicht. Gestern war bloß stumme
Lähmung. Verflogen alle wachsame Konzentration der ersten Wochen, all das hungrige Verstehenwollen der medizinischen, sozialen, politischen Facetten der neuen Wirklichkeit,
all das eifrige Umstellen, Anpassen von Körpertechniken
und sozialen Codes, all die rastlosen Gespräche, wer wie versorgt ist, wer allein, wen es zu begleiten gilt, all die geistigen
Behelfs-Strukturen, die die Strukturlosigkeit des Alltags re-
touchieren sollten – all das funktionierte nicht mehr.

Als ob es nichts mehr zu entdecken gäbe, als ob die steile Lernkurve, die den Anfang der Corona-Krise noch gekennzeichnet hatte, nun abbremste, *flatten the curve*, das war damit natürlich nicht gemeint, dass wir langsamer lernen würden oder gar nicht mehr. Aber so fühlte sich das an. Gestern. Als ob es in dieser Woche nicht mehr darauf ankäme, etwas zu analysieren, sondern als ob ich nun beginnen müsste, es wirklich zuzulassen: *das* hier, das wird nun also unser soziales Leben sein, jeden Tag, über viele Wochen, vielleicht Monate, *das* also wird die Stille sein, die wir ertragen müssen, *das* also wird die räumliche Zone sein, das Viertel, die Nachbarschaft, in der wir uns aufhalten dürfen, *das* also ist, worauf wir verzichten müssen, nicht nur mal eben, als fürsorgliche Geste, sondern als anhaltende Praxis, *das* also, was uns belastet, die fehlenden Einnahmen, die wegbrechenden Aufträge, das wird sich potenzieren, der Verlust, der sich irgendwann nicht mehr ausgleichen lässt, Verlust, nicht nur an Erspartem, an Arbeitsplatz, sondern auch an geliebten Menschen, von denen wir nicht bedacht hatten, wie alt sie sind, oder von denen wir nicht wussten, was ihre Körper in sich trugen von früheren Krankheiten oder Verletzungen, *das* also werden unsere Nächte sein, schlaflos oder durchzogen von Träumen, in die das, was wir tagsüber zu denken nicht zulassen, verschoben wird, *das* also wird wahr sein, jeden Tag, den wir überbrücken, bis wir uns schließlich fragen: wie lang und tief das, was überbrückt werden soll, eigentlich sein kann.

Vielleicht irritiert sie mich deswegen so, die Frage nach dem »Danach«. Nicht die Frage nach den Kriterien für eine Öffnung, Bedingungen, die erfüllt sein sollten, damit die Beschränkungen wieder aufgehoben werden – das ist nötig zu besprechen. Aber dieses: Wie soll es »danach« werden? Wer werden wir »danach« sein? Was wird »danach« für immer verloren sein? Was werden wir »danach« erst in seinem Wert verstanden haben? »Danach«, »danach«, »danach«. Ich bin so mit Epidemie im Jetzt befasst, in der Gegenwart, die sie formt, verformt, diktiert, die wir beobachten, begreifen, uns aneignen müssen. Es ist die Gegenwart, in der wir alle, jeden Tag, einzeln, aber auch miteinander, nach Spielräumen suchen müssen, nach »*temporary autonomous zones*«, wie der Schriftsteller und Philosoph Hakim Bey das genannt hatte, »temporär autonome Zonen«, soziale und kreative Praktiken, die für einen kurzen Augenblick etwas unterbrechen, die subjektive oder kollektive Autonomie anbieten, für eine begrenzte Zeit.

Es ist die Gegenwart, die mich umtreibt, jeden Tag, wie sie sich verwandeln lässt in etwas, das mir gehört, wie ich handlungsfähig, zugewandt, wach bleiben kann. Das Nachdenken über das »Danach« ist nur ein Fluchthelfer der Phantasie.

Was werden wir »danach« als erstes tun, wenn es vorbei ist? Natürlich habe ich auch imaginäre Listen für das »Danach«: In eine überfüllte Bar gehen und wildfremde Frauen küssen; all die Orte besuchen, an denen Freund*innen eingeschlossen oder ausgeschlossen sind, Menschen, um die ich jetzt bange und von denen ich mich nicht verabschiedet habe, vor dieser Zeit, weil ich nicht wusste, dass ich es vielleicht bald müsste; in ein Konzert mit einem Orchester in größtmöglicher Besetzung, wo die Musiker*innen eng aneinander sitzen müssen. Irgendeine Bruckner Symphonie vielleicht. Auch wenn, wie ich mich kenne, mir eher nach etwas Kammermusikalischem oder einer Passion sein wird.

Ich war durch einen unglücklichen Zufall im September 2001 in Downtown Manhattan. Ursprünglich hatte ich mich in New York ausruhen wollen von den Reisen in Kriegsgebiete. Einige Tage Downtown bei einer Freundin, das hatte ich mir erholsam vorgestellt – als alles zerbrach am Morgen des 11. September. Zehn furchtbare, traumatische Tage später gab der Dirigent Kurt Masur mit den New York Philharmonics in der *Avery Fisher Hall* ein Benefiz-Konzert, das ich nie vergessen werde. Das »Deutsche Requiem« von Brahms. Wir hatten vier Karten ergattert, jeweils zwei Plätze in zwei Reihen hintereinander. Per Zufall hatten wir uns so aufgeteilt, dass ich und die andere Heulsuse (der einzige Mann unter uns) zusammen saßen und die anderen beiden durch unsere Erschütterung nicht abgelenkt wurden.

Ich vermute: niemand in diesem Konzert damals glaubte, dies sei schon ein »Danach«, ganz gleich, was die Musik versprach, auf welchen Horizont seine Zeilen uns verweisen wollten, nichts war vorbei, ich vermute, niemand von uns war in einem »Danach« angekommen. Aber es war der erste Moment, an dem sich trauern ließ. Daran muss ich denken, wenn jetzt alle vom »Danach« sprechen, und mir das »Danach« noch nicht wahrscheinlich scheint. Vielleicht ist das Reden über das »Danach« nur der Versuch einer Abkürzung, als ließe sich die Trauer, zu der wir tausendfach

Anlass haben werden, übergehen. Wir werden »Danach« unsere wiedergewonnene Freiheit feiern, wir werden einen Wiederaufbau oder, besser, einen echten anderen Aufbruch organisieren, wir werden hoffentlich eine gerechtere Gesellschaft, ein solidarischeres Europa schaffen, wir werden internationale und lokale Strukturen festigen, all das ... aber wir werden das Trauern nicht auslassen können. Wir werden um die Toten trauern, die geliebten Menschen, die wir nicht besuchen, nicht begleiten durften, wir werden nachholen wollen, was schmerzlich untersagt oder unmöglich war, das Abschiednehmen.

Der französische Soziologe Bruno Latour hat diese Tage zu einer Übung angeregt, in der die Erfahrungen des gegenwärtigen Ausnahmezustands abgeklopft werden auf ihre Tauglichkeit für ein Später. Latour regt an, sich allein oder, wenn möglich, gemeinsam mit anderen unter anderem folgende Fragen zu stellen:

1. Welche der Aktivitäten, die im Augenblick verboten sind, möchten Sie anschließend auch nicht wieder zugelassen sehen?

2. Beschreiben Sie, warum Sie diese Tätigkeit für schädlich, überflüssig, gefährlich halten und warum ihr Verschwinden, ihr Verbot oder ihr Ersatz andere Tätigkeiten, die Ihnen wichtiger sind, erleichtern würden?

3. Welche Maßnahmen würden Sie empfehlen, um den Arbeiter*innen, Angestellten, Unternehmer*innen zu helfen, die nicht mehr das tun können, was Sie als Tätigkeiten abgeschafft haben?

Mich interessiert merkwürdigerweise keine einzige dieser Fragen. Mich treiben ganz andere um.

1. Welche der Aktivitäten, die Sie im Augenblick als existentiell erleben, welche der sozialen Praktiken, welche der solidarischen Gesten, welche der kreativen Formate, welche der ökonomischen Hilfsangebote sind unverzichtbar, spenden Trost, mildern die Not, verweisen auf eine Gemeinschaft, die es auch anschließend geben sollte?

2. Welche Berufe, die Sie im Augenblick als besonders notwendig und unverzichtbar erleben, sollten anschließend auch personell ausgebaut und finanziell gewürdigt werden? In welche soziale Infrastruktur, die Ihnen im Augenblick besonderen Schutz oder Fürsorge bietet, sollte anschließend massiv investiert werden? Welche Quellen, Verlage oder journalistischen Angebote, die Ihnen im Augenblick besonders zuverlässig Informationen liefern oder Orientierung bieten, sollten besser unterstützt und bezahlt werden?

3. Wie ist es mit all den Tätigkeiten und Aufgaben, die im Augenblick als nicht »notwendig« oder nicht »systemrelevant« deklariert werden, die aussetzen müssen mit etwas, das ihnen wertvoll ist, die nicht als Logopädinnen oder Kellner, die nicht als Anlagenmechaniker oder als Kamerafrau, nicht

als Koch oder als Schauspielerin arbeiten können, was ist mit all den Tätigkeiten und Aufgaben, die es doch auch braucht, die ausdifferenziert und arbeitsteilig erst das herstellen, was wir nutzen oder lieben? Wie signalisieren wir ihnen unsere Wertschätzung, wie ersetzen wir ihre Verluste?

Am späten Vormittag wirbelten Schneeflocken vor dem Fenster. Die ersten des Jahres. Meine lateinamerikanische Freundin vertritt die These, dass Deutsche nur deshalb an Schnee sich erfreuen, weil sie von Kindheit an mit Schnee romantisierendem Liedgut und Gedichten indoktriniert wurden. Wem das fehlt, so ihre feste, jeden Winter wiederholte These, wer nicht von klein auf frostige Reime und flockige Lieder aufgesagt und gesungen hat, dem ist Schnee einfach nur ein kaltes, nasses, unangenehmes Etwas.

Und dann wurde an diesem Montag, dem 30. März 2020, der Rechtsstaat in Ungarn beendet. Warum Orbán das tut? Weil man ihn lässt. An einem Spielwaren-Laden in Kreuzberg hängt das Schild »Nu is zu«, das fällt mir dazu ein.

Dienstag, 31. März 2020

»*Alle Notstandsmaßnahmen müssen auf das, was notwendig ist, begrenzt und streng verhältnismäßig sein. Sie dürfen nicht unbegrenzt dauern*«.

Ursula von der Leyen, Brüssel, am heutigen Tag

Das ist alles. Das ist die Reaktion der EU-Kommissions-Präsidentin auf Victor Orbáns anti-demokratische Notstandsgesetze. Das ist alles, was Ursula von der Leyen dazu anmerken wollte.

Was sie heute *nicht* gesagt, gehört aufgeschrieben.

Ursula von der Leyen hat *nicht* gesagt:
»Mein ganzes Leben war ich dankbar, deutsche Europäerin sein zu dürfen. Nicht allein durch die deutsche Geschichte und ihre Verbrechen gezeichnet und belastet zu sein, sondern auch in europäischen Bezügen denken und leben zu dürfen, erschien mir immer als unverdientes Geschenk.«

Ursula von der Leyen hat *nicht* gesagt:

»In dieser europäischen Gemeinschaft die nationalistischen, rassistischen, totalitären Dogmen zu überwinden und durch die Anerkennung unveräußerlicher Menschenrechte, durch Unabhängigkeit der Justiz, durch eine freie Presse, durch die Pluralität einer säkularen Demokratie zu ersetzen, das war das historische Versprechen Europas. In Bukarest oder Triest so willkommen zu sein wie in Marseille oder Antwerpen, an anderen Orten leben und arbeiten zu können, sich auch dort geschützt zu wissen, bei allem, was unvollkommen war und ist, bei allem, was noch inklusiver und gerechter werden muss, bei allem, was es noch an Vergemeinschaftung und an echter demokratischer Vertiefung braucht – diesem Europa wollte ich verpflichtet sein.«

Ursula von der Leyen hat *nicht* gesagt:

»Mir ist gleich, mit wessen Stimmen ich als Kommissionspräsidentin ins Amt gewählt wurde, mir ist gleich, in welchen Kontexten solch ein Stimmverhalten als Pfand missverstanden wird, als eine Gefälligkeit, die an anderer Stelle wieder eingelöst werden will, mir ist gleich, ob das die Erwartung war bei meiner Wahl: ich würde jedem Regierungschef, der mich gewählt hat, anschließend seinen autoritären Coup, seine Zerstörung der Wissenschafts- und Pressefreiheit, seine antisemitische, homo- und transfeindliche Menschenverachtung, seine diktatorischen Ambitionen durchgehen lassen. Das wird nicht geschehen. Das werde ich nicht akzeptieren in Europa.«

Ursula von der Leyen hat *nicht* gesagt:

»Wenn Europa nur noch ein leerer Signifikant ist«, ok, na gut, das geht rhetorisch zu weit,

Ursula von der Leyen hat *nicht* gesagt:

»Wenn Europa nur noch ein Etikett ist, eine aufgeklebte Selbst-Stilisierung, die Prinzipien als bindend und identitätsstiftend behauptet, sich aber windet und drückt, wenn sie gebrochen, ausgehöhlt und verhöhnt werden, dann ist das nicht mein Europa. Wenn Europa aus seinen Fehlern nicht lernt, wenn Europa nicht beides ernst meint: die Behauptung der wechselseitigen Hilfe und Solidarität wie die Behauptung der offenen, säkularen, inklusiven Demokratie, wenn wir einander fallenlassen und zulassen, wie Freiheits- und Bürgerrechte verstümmelt und ausgesetzt werden, dann ist das kein Europa, dann ist das keine Gemeinschaft.«

Vielleicht wird sie es später sagen. Vielleicht wird sie wortlos handeln. Vielleicht.

Ich weiß nicht, wie frühere Chronisten in ihren Tagebüchern, Journalen, Cahiers gezweifelt haben, wie ungeschützt sie schreiben durften, wieviel Unverstandenes, Rohes zulässig wäre, wie frisch, wie eilig, wie irrtümlich, aber auch wie ungezügelt wütend sie sein durften, wie unsicher sie waren, welche Ereignisse schon im Moment ihres Geschehens als unvergesslich und unverzeihlich galten. Das frage ich mich zumindest an diesem Tag, an dem ich den Zorn über mein geliebtes Europa nicht mehr einhegen mag. Die Scham erscheint mir im Traum wie ein vielköpfiges Ungeheuer: die ausbleibende Evakuierung der Lager auf den griechischen Inseln, die ausbleibende finanzielle Unterstützung der südlichen Staaten, in denen Menschen elendiglich sterben in überforderten Kliniken, Heimen, Lazaretten, die ausbleibende Vision eines Europa, das sich in und durch diese Krise endlich zu dem entwickelt, was es sein könnte: eine Gemeinschaft.

»Die guten Leute erkennt man daran,
dass sie besser werden,
wenn man sie erkennt. Die guten Leute
Laden ein, sie zu verbessern, denn
Wovon wird einer klüger? Indem er zuhört
Und indem man ihm etwas sagt.«

Bertolt Brecht, Lied über die guten Leute

Das ist das Versöhnliche an dieser Zeit: dass sie einen die guten Leute deutlicher erkennen lässt, dass manche zeigen, dass sie unter der Last dieser Tage nicht kleiner werden, nicht eiliger, nicht enger, sondern größer, ruhiger, offener. Sie tun das, was sie immer tun, sie sind die, die sie immer waren, unaufgeregt und pur. Neben all dem, was ängstigt und bedrängt, ist das nicht aufzuwiegen: die guten Leute zu sehen. Manche kannte man schon, manche lernt man jetzt erst kennen. Als ob die Krise die Konturen der Menschen schärfte und sie genauer zu erkennen wären.

Einer, der zu diesen guten Leuten gehört, ist ein Berliner Polizist, mit dem ich seit einigen Jahren befreundet bin, wir sind ein ungleiches Paar, nicht nur optisch, er spricht von sich als »Bulle«, was ich nicht leiden kann, und was dazu führt, dass ich ihn immer korrigiere und er es weiterhin verwendet, er ist Hertha Fan, nicht nur so ein bisschen, sondern mitleid-erregend ernsthaft, ich vermute, wir könnten nicht eine halbe Stunde lang die Lieblings-Musik des jeweils anderen ertragen, aber es ist einer von den guten Leuten. Wenn wir uns sehen, sprechen wir über unsere Stadt oder unsere Arbeit, weil wir uns vertrauen, testen wir oft gegenseitig unsere politischen Intuitionen, manchmal unsere privaten.

»Gleichzeitig aber
Verbessern sie den, der sie ansieht und den
Sie ansehen. Nicht indem sie einem helfen
Zu Futterplätzen oder Klarheit, sondern mehr noch dadurch
Dass wir wissen, diese leben und
Verändern die Welt, nützen sie uns.«

Und weil man sich in diesen Tagen einen Extra-Schuss gute Laune gönnen muss, treffe ich meinen Lieblings-Polizisten zu einem langen Spaziergang, mittags, gleich nach seinem Schicht-Ende, hole ich ihn ab. Er erscheint in Zivil, keine Uniform oder Dienstnummer, nur ein Johnny Cash-Sticker am Revers der Jacke. Wir haben ausgemacht, immer schon, dass ich nie öffentlich mache, was wir besprechen, das gilt auch jetzt. Aber es war die beste Stunde des Tages und ich kann es nur allen empfehlen: jede Woche, mindestens einmal, sich etwas vorzunehmen, das einen wieder auffüllt, jede Woche mit jemandem oder für jemanden etwas Übermütiges, Herzerwärmendes, Albernes, Aufregendes, Beglückendes zu tun. Ganz gleich wieviel Kraft es kostet, es gibt Kraft.

Mittwoch, 1. April 2020

»Sofern wir im Plural existieren, und das heißt, sofern wir in dieser Welt leben, uns bewegen und handeln, hat nur das Sinn, worüber wir miteinander oder wohl auch mit uns selbst sprechen können, was im Sprechen einen Sinn ergibt.«

Hannah Arendt, Vita Activa

Was ergibt denn im Sprechen einen Sinn? Was ließ sich vor einem Monat, vor einer Woche, vorgestern noch sagen, was nicht mehr taugt, was seine Leichtigkeit, seine Unschuld verloren hat? Wie haben wir über alte Menschen gesprochen, als wären sie jemand anderes, als zählten sie nicht, als prallte an allen nicht-alten, nicht-kranken Menschen die Wirklichkeit ab, aber der Autofokus wird unscharf, wenn zur Selbstbetrachtung, zur Sorge um das Eigene alle die gezählt werden, die wir lieben, in unserer erweiterten Familie, unseren verzweigten Freundeskreisen, wenn wir nicht mehr im Singular, sondern im Plural denken, wenn all die mitgezählt werden, deren Musik, deren Texte, deren sportliches oder künstlerisches Talent uns durchs Leben begleitet haben. Wenn wir sie auf einmal als verwundbar, als sterblich denken, dann gehen uns manche der Worte nicht mehr so unbeschwert über die Lippen. Wenn wir Krankheit nicht mehr als Metapher, sondern als Krankheit denken, dann ergibt sich ein anderer Sinn.

Seit letzter Woche schickt mir mein Freund Imran jeden Tag ein türkisches Wort zum Lernen. Das hatte ich mir gewünscht. Es gab keine Vorgaben, welche Worte er mir beibringen sollte, ich hatte keine Hinweise gegeben, wofür ich sie brauchen wollte, in welchen Situationen, welchen Kontexten, mit welcher Absicht. Worte zum Loben oder Worte zum Verführen, Worte, die den Hunger stillen oder Worte, die zurechtweisen. Ich wollte einfach Worte von meinem Freund, Worte, die ich auflesen könnte, aufschreiben und sammeln. Sie würden vielleicht niemals einen ganzen Satz ergeben, niemals mir helfen, wenn ich mich verirrt habe und nach dem Weg fragen will, aber sie würden uns verbinden. Sie wären ein Vokabular der Nähe zwischen uns, die wir uns im Moment nicht nah sein können. Ich habe ihm das nicht so gesagt. Manches muss ich ihm nicht sagen. Das meiste eigentlich. Wir müssen ein neues Vokabular anlegen, mit den Menschen, die wir lieben, und vermutlich auch als Gesellschaft, die wir diese Krise miteinander überstehen wollen.

Mein erstes Wort war: »*bilmiş*« = Klugscheißer, das gefiel mir natürlich gut. Ich schrieb es mit der Hand in mein Notizbuch, das war einfacher, weil ich auf meiner Tastatur die richtigen Akzente nicht immer zu setzen weiß. Und dann wollte ich jeden Tag ein weiteres Wort. Irgendwann schrieb Imran »Warum fragst Du das alles?«, und ich konnte antworten: weil ich ein »*bilmiş*« bin. Ich glaube, das gefiel ihm gut. Die ersten Tage musste ich noch betteln. Wo ist mein Wort?, und dann bekam ich eins nach dem anderen: »*azadi*« = kurdisch: Freiheit »*özgürlük*« – auf Türkisch. Azadi, das kannte ich schon, nörgelte ich, und prompt gab's am nächsten Tag etwas Anspruchsvolleres: »*kara sevda*« = wörtlich: schwarze Liebe für verkannte oder unerwiderte Liebe. Für das nächste Wort brauchte ich eine Tonspur, um ganz sicher zu wissen, wie es sich ausspricht: »*cezaevi*« = Gefängnis, ab und an lassen sich nun doch Wort-Kombinationen bilden, fiel mir auf, zumal in der Türkei gern ab und an regierungskritische Klugscheißer ins Gefängnis verbannt werden, als nächstes »*günlük*« – Tagebuch, das Tagebuch eines Klugscheißers, »*bir bilmisin günlügü*«. Das Wort für heute: »*hayat*« = das Leben.

Es gibt Schwellen der Würdelosigkeit, oder: des individuellen Verfalls. Was immer wir uns einbilden, was uns oder unser Leben ausmachte, geben wir preis, wenn wir es müssen. Jeder, der nun einmal im Krankenhaus in einem dieser rücklings offenen Fummel liegen musste oder wer einmal in einer überfüllten Zelle eingesperrt war, weiß, wie antastbar die eigene Würde ist. Trotzdem gibt es diese Augenblicke der Dissidenz, winzige, widerständige Freuden, etwas tun zu können, das nicht passt, etwas beizubehalten von dem, was vorher zu einem gehörte, wer man einmal war, bevor man Patientin in der Klinik wurde, bevor man Häftling in einem Gefängnis wurde.

Die Corona-Krise verändert unsere Leben und unsere Gewohnheiten erst seit ein paar Wochen, das Home-Office-Home-Schooling-Kontaktbeschränkungs-Disziplinierungs-Regime ist erst jung, aber schon jetzt ziehe ich bockig Grenzen ein, die ich auf gar keinen Fall unterschreiten will. Manche sind ernsthaft, manche eher amüsant. Aber selbst bei den lächerlichen Standards, die ich verteidige als ginge es um etwas, geht es auch um etwas: einen individuellen Rest in einer kollektiven Erfahrung. »Happy Birthday« zu singen, jedes Mal beim Händewaschen, ist mein Limit. Das Lied ist schon scheußlich genug, wenn es zu seltenen Anlässen intoniert wird. Permanent aber, jeden Tag, beim Händewaschen, wiederholt und wiederholt »Happy Birthday« zu singen? Ausgeschlossen. Da kann ich gleich Tee aus Beuteln trinken. Erst habe ich mich mit »Viel Glück und viel Segen« gewehrt, aber selbst das ist auf Dauer enervierend. Jetzt behelfe ich mir mit »Es waren zwei Königskinder«. Das passt motivisch und hat so viele Strophen, dass die Finger wund werden.

Donnerstag, 2. April 2020

»*Es wird immer leichter sein, in den Leiden anderer Menschen eher ein Unglück als eine Ungerechtigkeit zu sehen. Nur die Opfer teilen gelegentlich nicht diese Neigung.*«

Judith N. Shklar, Über Ungerechtigkeit

Das ist vielfach der erste Reflex, beim Betrachten der Leiden der anderen: es von sich zu halten, je weiter weg, desto unbeteiligter lässt sich schauen. Denn in der Ferne, so lautet der Refrain der Verschonten, dort im Süden oder dort im unbestimmten Unten, lässt sich nichts ausrichten. Das sind andere Länder, andere Nöte, bedauerlich, das schon, tragisch auch, kaum auszuhalten die Bilder von den schutzlosen Geflüchteten im syrischen Idlip, was für ein Elend auch in den Kliniken in Madrid oder Bergamo, schrecklich, schrecklich, all dieses Unglück, in Lagos oder Rio de Janeiro, und nun auch in den Altenheimen hier bei uns.

*»Wenn wir uns jedoch vor Augen halten, dass wir alle
Opfer sein können, dann sollten wir uns entschließen,
die Dinge nochmal zu betrachten und einen genaueren
und fragenderen Blick auf die Ungerechtigkeit – und nicht
nur die Gerechtigkeit – zu werfen.«*

Judith N. Sklar, Über Ungerechtigkeit

So ungemütlich es ist, aber es ist nicht Zufall, nicht Schicksal, kein Unglück, was wir betrachten, als habe es mit uns nichts zu tun. Es hat mit uns zu tun. Es sind eben jene Ungleichheiten, die wir tolerieren, es sind jene Ungerechtigkeiten, die wir produzieren, hier bei uns, lokal, aber eben auch global, die wir akzeptieren, jedes Mal, wenn wir uns ernähren, telefonieren, anziehen, bei jedem Produkt, das durch zahllose Hände und Orte wandert, bis es uns dient, es sind jene Lohngefälle, prekäre Beschäftigungsverhältnisse, jene sozialen Unsicherheiten, die wir gern als bedauerlich titulieren, aber dann doch selbstverständlich hinnehmen.

Wenn wir in der Covid-19-Krise erleben, dass wir alle Opfer werden können, dass es alle treffen kann, wenn auch nicht alle gleich, dann sollten wir auch mehr unsere soziale, lokale, internationale Verbundenheit betrachten, nicht als zufällige Abstufungen des Glücks oder Unglücks, sondern als Ungerechtigkeiten, in die wir verwickelt, verwoben, verschuldet sind.

Freitag, 3. April 2020

»*Heute viele alte widerliche Papiere verbrannt.*«

Franz Kafka, Tagebücher 1912–1914.
Eintrag am 11. März 1912

Vielleicht wäre das eine Aufgabe fürs Wochenende: »viele alte widerliche Papiere« zu verbrennen, vielleicht wäre das eine Ablenkung, vielleicht würde das kurze Entlastung verschaffen, weil sich dabei einbilden ließe, man täte etwas Nützliches, man brächte etwas Ordnung, etwas Kontrolle in das endlos Offene dieser Situation. Meine guten Vorsätze, in dieser Zeit etwas zu sortieren oder zu reparieren, was mich das ganze Jahr über stört, in dieser Zeit endlich etwas zu trainieren, wofür mir normalerweise die Disziplin fehlt, Bauchmuskeln oder der perfekte Pizzateig, sie sind alle gescheitert. Ich habe gar nichts gelernt, außer einem türkischen Wort pro Tag. Immerhin. Aber vielleicht ist auch die Vorstellung der Kontrolle so kontraproduktiv wie die Sehnsucht nach schnellen Lösungen oder eindeutigen Antworten.

Es gibt eine Aufnahme eines legendären Konzert der portugiesischen Pianistin Maria João Pires, die am Flügel sitzt, voller Saal bei einem Mittagskonzert in Amsterdam, sie hört die ersten Takte des Orchesters, das Mozarts Klavierkonzert Nr. 20 in d-moll zu spielen beginnt – und realisiert voller Entsetzen, dass sie ein anderes Mozart-Klavierkonzert erwartet und einstudiert hat als dieses. Es gibt einen kleinen Videoclip, der diesen Moment des absoluten Schocks im Gesicht von Pires zeigt. Sie senkt erst den Kopf und schaut nach unten, fassungslos, dann beugt sie sich vor, stützt den Ellenbogen auf das Instrument, legt die Stirn in die Hand und schaut hilfesuchend zu Ricardo Chailly, der munter Takt um Takt dieses Konzerts dirigiert, für das sie keine Noten und keine Vorbereitung hatte (warum es für dieses Konzert mit Publikum keine Probe gab, erschließt sich nicht. Aber das war offensichtlich die Situation). Sie spricht leise zu Chailly und erklärt ihm, dass sie auf dieses Konzert nicht eingestellt ist. Dann wirft sie einen verzweifelten Blick über die Schulter zur ersten Geige, die Kamera zeigt nun Chailly, der durch nichts aus der Ruhe zu bringen ist, voller Hingabe das Orchester durch die Musik leitet, während Pires kurz vor der Ohnmacht zu sein scheint. Es gibt einen kleinen Austausch: die Pianistin versucht Chailly zu erklären, dass sie dieses Konzert wirklich nicht parat habe, aber der italienische Maestro will keine Not erkennen: sie habe das Konzert doch letzte Saison noch gespielt, dann los. Es ist eine gespenstische und berückende Szene, wie hier jemand einer anderen Mut macht, wie er alle Verzagtheit, alle Lähmung sieht, und einfach mit Vertrauen, blindem Vertrauen beantwortet. Was folgt ist nur mit Verlust zu beschreiben. Man muss es sehen und vor allem hören. Pires sitzt vor ihrem Instrument und, nun gewiss, dass sie nicht abbrechen kann, sondern eben spielen muss, verändert sich ihr Gesicht: gesammelt, konzentriert, sie lässt sich ein auf die Musik, der Körper löst sich aus der Starre, sie hebt die rechte Hand für die ersten Takte des Klavierparts – und dann hört man sie spielen. So zart, so präzis, so traumwandlerisch sicher. Und, natürlich, hat sie alles parat, ist alles da, was sie braucht.

Es erinnert mich an diese Krise, in der wir erst so paralysiert sind, weil wir uns nicht vorbereitet glauben, weil wir etwas anderes erwartet, etwas anderes geübt, etwas anderes gehofft haben, und in der wir nicht wissen, wie wir diesen Augenblick überstehen sollen, in dem wir fürchten zu versagen, und wie es dann nur jemanden braucht wie Ricardo Chailly, der sich nicht bangemachen lässt, der einem zeigt, dass wir alles in uns haben, was es braucht, dass wir das Repertoire der gegenseitigen Hilfe abrufen können – und es uns durch diese Zeit bringen wird.

Wenn ich also mit diesem Journal wieder eine musikalische Empfehlung fürs Wochenende geben darf: schauen Sie sich diese kleine Aufnahme mit Maria João Pires an. Und vielleicht hören Sie dann auch das ganze Konzert in Ruhe. Passen Sie aufeinander auf und bleiben Sie zu Hause.

Montag, 6. April 2020

»Die Griechen, die offenbar viel für Anschauungshilfen übrig hatten, schufen den Begriff Stigma als Verweis auf körperliche Zeichen, die dazu bestimmt waren, etwas Ungewöhnliches oder Schlechtes über den (...) Zeichenträger zu offenbaren. Die Zeichen wurden in den Körper geschnitten oder gebrannt und taten öffentlich kund, dass der Träger ein Sklave, ein Verbrecher oder ein Verräter war.«

Erwing Goffman, Stigma

Die Zeichen, die Menschen als Verbrecher oder Verräter markieren, die ganze Gruppen als gefährlich oder minderwertig aussondern, sie müssen nicht mehr in die Körper geschnitten oder gebrannt werden. Es reicht, sie wieder und wieder mit Vorurteilen und Ressentiments zu belegen, es reicht, wieder und wieder bestimmte Vokabeln, bestimmte Bilder, bestimmte Geschichten mit ihnen zu verkoppeln, in Filmen, in Videoclips, in (Kinder-) Büchern oder auch in den sozialen Medien die ewigselben Lügen, die ewigselben Muster der Wahrnehmung so lange zu wiederholen, bis sie nicht mehr hinterfragt und einfach als vermeintlich »natür-

liche«, »echte«, »typische« Eigenschaften unterstellt werden.
Da gelten dann Individuen nicht mehr als Individuen, sondern nur noch als Angehörige einer Gruppe. Und alle Angehörigen dieser Gruppe werden mit so einem wummernden
Grundrauschen als »dreckig« oder »kriminell«, als »krank«
oder »pervers«, als »gierig« oder »mächtig«, als »gefährlich«
oder »rückständig«, als »faul« oder »leistungsunwillig«, als
»promisk« oder »schlampig«, als »behindert« oder »schwach«
unterlegt.

Das gab und gibt es immer. Und schon in normalen Zeiten müssen diese machtvollen Ressentiments kritisiert, die
Assoziationsketten unterbrochen und durch andere Bilder,
andere Begriffe, andere Geschichten ersetzt werden. Vor
allem müssen die Praktiken der Diskriminierung aufgelöst
werden. In Krisenzeiten wie jetzt, in denen alle den Kont-
rollverlust fürchten, in denen die Gegner*innen unsichtbar
und allgegenwärtig ist, da vermehren sich Vorurteile und
Ressentiments: sie werden gezüchtet und kanalisiert in be-
queme Richtungen, sie nehmen sich Ärmere, Verletzbare,
Marginalisierte, die es schon immer gab – und missachten
sie einmal mehr. Als ob es sich in einer Krise weniger im-
potent fühlen ließe, wenn andere herabgestuft, entwürdigt
und entrechtet werden. Als ob sich so die verlorene Souve-
ränität wenigstens simulieren ließe, wenn Angehörige von
Minderheiten oder auch nur die eigene Partnerin drangsa-
liert werden. Als ob die Epidemie gerade recht käme, um
die eigene Menschenverachtung oder Misogynie besonders
enthemmt ausleben zu dürfen. Mildernde Umstände werden schon vorab veranschlagt, in der Not ist das bisschen

Gewalt, in der Epidemie ist das bisschen Ausgrenzung doch verständlich. Nicht wahr?

Man hätte einen Countdown für Sündenböcke beginnen und herunterzählen können, 10, 9, 8, 7, … wann es beginnt, dass Schuldige gesucht und Minderheiten bestraft werden, ohne Anlass, ohne Grund, ohne Schutz. Man hätte in diesen Countdown auch gleich die alten Lügen mit anführen können, die nun wieder Andere als todbringende Gefahr oder überflüssige Last konstruieren. 6, 5, 4, … Es sind unterschiedliche Staaten mit unterschiedlichen Opfern, aber das obszöne Spektakel der Hygiene-Phantasien oder utilitaristischen Kalkulationen ähnelt sich. 3, 2, 1, … Mal sind es alte Menschen, die Gebrechlichen, die mit »Vorerkrankungen«, deren Überlebenschance in Zeiten knapper Ressourcen irgendwie verrechnet werden gegen jüngere, fittere Körper, mal sind es gleich ganze Gegenden: eng-bebaute Viertel, informelle Siedlungen, die nun als nicht schützbar gelten, als wären tote Menschen in Port-au-Prince oder Lagos irgendwie hinnehmbarer als anderswo, als zählten sie nicht als vollwertige Menschen, als sei eine lehmige Hütte, ein Verschlag aus Wellblech und Plastik eine selbstverschuldete Leichtsinnigkeit.

Das Portal »Euractive« berichtet diese Tage von den Anfeindungen, denen sich Sinti und Roma in Rumänien, Bulgarien, Ungarn und der Slowakei ausgesetzt sehen. In Bulgarien wurde in drei Städten, in denen mehr als 50 000 Angehörige der Sinti und Roma leben, ein »Kontroll-System« eingerichtet, dass die ohnehin schlecht versorgten, sozial isolierten Siedlungen diskriminiert. Die rechtsnationalistische Partei

VMRO hat demnach gefordert, alle Roma-Viertel unter Quarantäne zu stellen. In den sozialen Medien in der Slowakei und in Rumänien kursieren die klassischen Projektionen: die Krankheit sei von den Sinti und Roma importiert (das ist ungefähr so wichtig wie die These, Covid-19 sei durch G5-Netze ausgelöst), sie seien nicht angepasst – was sich vermutlich so auch über partymachende Skitourist*innen sagen ließe, aber da fehlen die alten Ressentiments, die das unterfüttern. Wohlsituierte Skitourist*innen oder feucht-fröhliche Karnevalist*innen haben Pech, marginalisierte Roma dagegen sind schuld. Das ist wie ein rassistischer Abzählreim, bei dem immer dieselben rausfliegen.

In Ungarn wurde vergangene Woche, passenderweise am »Internationalen Transgender Day«, vom Vize-Premierminister Semjin ein Gesetz ins Parlament eingebracht, das die Rechte von trans*Personen nicht bloß infrage stellt, sondern aufhebt. Würde der Vorschlag bestätigt, gäbe es in Ungarn nur noch die Kategorie des »Geschlechts bei der Geburt«, definiert als »biologisches Geschlecht, das durch primäre Geschlechtsorgane und Chromosomen« bestimmt würde. Alle offiziellen Identitäts-Dokumente müssten, so die Vorstellung, ausschließlich das Geschlecht bei der Geburt ausweisen und würden zudem alle Geschlechtsangleichungen, alle Namensänderungen verunmöglichen.

Das ist nicht einfach eine kleine, juristische Fingerübung, die eine unbedeutende Minderheit ein bisschen gängelt. Als ob es das gäbe: unbedeutende Minderheiten. Das ist eine existentielle Bedrohung für Menschen, deren Recht zu sein, wer sie sind, bestritten wird. Diese Perfidie ging ein wenig unter in der allgemeinen Notstands-Gesetzgebungs-Raserei.

Ich wünschte, es läge einfach nur an der allgemeinen Überforderung. Ich wünschte, es wäre nicht untergegangen, weil es als nebensächlich empfunden wurde. In einer Demokratie gibt es keine nebensächlichen Bürgerrechte, weil es keine nebensächlichen Bürger*innen gibt. Es gibt nicht *hier* die sozialen, ökonomischen Nöte der Arbeiterklasse und *da* die kulturellen, politischen Nöte der Marginalisierten. Sie gehören immer zusammen. Die einen sind nicht mehr wert, nicht dringlicher, nicht relevanter als die anderen. Mal abgesehen davon, dass sie sich gar nicht so auseinander dividieren lassen.

In Lateinamerika ist das Misstrauen gegen die eigene Bevölkerung manchen politischen Eliten so eingeschrieben, dass ihnen die Repression und die Polizeigewalt im pandemischen Ausnahmezustand nicht einmal mehr wie eine Ausnahme erscheint, sondern nur die Fortsetzung desselben mit besser klingender Rechtfertigung. Die systematische Unterstellung, die eigenen Bürger*innen verstünden keine rechtsstaatlichen, demokratischen Prinzipien, die noch jeden Coup oder Militärputsch zu legitimieren suchten, sie kursiert auch jetzt und gefährdet jene, die ohnehin schon verwundbar sind. In Argentinien erhalten Rentner*innen ihre Pension nicht einfach per Überweisung, sondern müssen persönlich bei einer Bank vorsprechen und sich das Geld in bar abholen – nur um mögliche Manipulationen oder Identitätsschwindeleien auszuschließen. Das ist nicht nur in Argentinien so. Rentner*innen müssen in vielen Ländern Lateinamerikas ihre mickrige Pension persönlich an den Banken abholen, weil die staatliche Verwaltung anscheinend nicht in der Lage ist, Todesregister und

Rentenlisten zusammenzuführen. Weil nun unterstellt wird, es könne zu systematischen, massenhaften Betrügereien kommen (wenn Leute die Rente einer verstorbenen Person kassieren), müssen alte, gebrechliche Menschen sich zu den Banken schleppen, um zu beweisen, dass sie leben.

Das ist schon zu normalen Zeiten beschämend. Im Ausnahmezustand von Covid-19 ist es eine staatlich organisierte Gefährdung: da stehen nun diese Rentner*innen in langen, kraftraubenden Schlangen, der Abstand reicht hinten wie vorne nicht, manche mit Stock, manche mit Rollator – und warten auf das, was ihnen zusteht, aber abgeholt werden muss, als sei es ein Almosen. Wie viele dieser Menschen sich beim Warten infizieren, wird vermutlich nie nachvollzogen werden. Wahrscheinlich weil es auch dafür getrennte Register gibt.

Zu den langlebigsten Illusionen über homosexuelle Paare gehört die Vorstellung, es gäbe eine Aufteilung der Begabungen nach »männlich« oder »weiblich«, eine heterosexuelle Binnen-Logik sozusagen, die den Alltag des Zusammenlebens so gestaltet, dass traditionelle Geschlechterbilder darin gespiegelt werden. Während zwar *eigentlich* einem lesbischen Paar, weil es ja schließlich zwei Frauen sind, *doppeltes* Talent zum Kochen und Kinderhüten zugeschrieben werden müsste, splitten sich in dieser heterosexuellen Phantasie die Eigenschaften auf: die eine soll hammermäßig geschickt alle Elektrogeräte reparieren und die andere filigran

Schnittmuster nähen können. Wenn schon ein Paar nicht aus einem Mann und einer Frau gebildet wird, dann sollen, bitte, mindestens die klassischen Rollenmuster intakt bleiben. Alles andere wäre enorm verwirrend.

Diese Sehnsucht nach der heterosexuellen Norm in einer queeren Realität nimmt manchmal wirklich lustige Formen an: Wenn meine Freundin und ich Gäste haben, die uns nicht ganz so gut kennen, loben sie beim Essen immer, wirklich immer meine Freundin. Ganz gleich, ob ich Stunden in der Küche gestanden und Ottolenghi Rezepte rauf und runter gekocht habe. Nun, um das Klischee ein für alle Mal zu korrigieren: es gibt *tatsächlich* Paare, in denen beide gern kochen und leider keine die Waschmaschine aufschrauben und wieder heil zusammensetzen kann. Es soll übrigens auch schwule Paare geben, bei denen sich keiner für Modedesign oder Opern begeistert. *#justsaying*. Ich kenne allerdings auch kein einziges heterosexuelles Paar, das sich im wirklichen Leben die Gaben und Aufgaben so teilt wie es die traditionellen Stereotype behaupten.

Jedenfalls hat die Aufforderung, sich selbst doch etwas Stoff zu nehmen und eigenhändig Schutzmasken zu nähen, in diesem Haushalt nicht die richtigen Adressaten gefunden. Meine Freundin hat aber in einem Laden in der Nachbarschaft etwas wirklich Passendes gefunden.

Dienstag, 7. April 2020

»*Das Problem ist, ich will nicht, dass mir meine Traurigkeit genommen wird, ebenso wenig, wie ich will, dass mein
Glück mir genommen wird. Sie gehören beide mir.*«

Ocean Vuong, Auf Erden waren wir kurz grandios

Die Abende sind besser als die Morgen. Nachts bringt mich
die blanke Erschöpfung in den Schlaf. Morgens früh, wenn
alles noch still und die Luft noch kalt, morgens früh kommen die Fragen und schnüren einem den Atem ab wie ein
eiserner Ring: Wie lange soll das so gehen? Wie lange werden wir das durchhalten? Wer ist Wir in diesem Satz? Was
soll das Schreiben in Form einer Chronik, wenn doch diese
Pandemie gerade das Asynchrone, Ungleichzeitige vorführt.
Jedes Wir ist falsch. Jedes Wir klingt im besten Fall naiv, im
schlimmsten Fall ignorant. Als ob es die sozialen, ökonomischen, politischen Ungleichheiten nicht gäbe. Wer soll das
sein, dieses Wir, wenn die Lasten, die Privilegien, der Status
so ungleich verteilt ist? Das ist nicht originell. Das ist auch
sonst so. Es schreibt sich immer mit dieser Last. Aber mich
verwirrt und beschämt es noch mehr als sonst. Was ich in

Berlin schreibe, taugt nicht einmal als Eindruck von Berlin. Wie auch? Es ist nur ein Zeugnis aus dieser Stadt, von dieser Gegend, dieser schreibenden Person. Und es steht jeden Tag in brutalem Missverhältnis zu dem, was in New Orleans oder Bagdad oder nur in Wuppertal geschrieben würde. Früher ließ sich gegen die Scham des Privilegs anreisen. Konnte ich mit dem Wissen über die eigenen Verstrickungen in das Elend, das kein Elend, sondern Unrecht ist, schreiben. Das geht im Moment nicht.

Aber die Alternative ist noch fragwürdiger: jede Möglichkeit des Verstehens, jede Möglichkeit der Zeugenschaft, jede Möglichkeit der Hinwendung zu anderen zu bestreiten, das wäre eine Absage an die Vorstellungskraft, eine Absage an die Empathie, eine Verweigerung der Universalität. Das wäre nichts als radikale Egozentrik. Es wäre bequem, weil es alle Anstrengung, mit und für andere zu denken, von vornherein für obsolet erklärt. Es wäre auch eine merkwürdige epistemische Selbstverstümmelung: zu glauben, die eigene Position verunmögliche das Nachdenken über die Position anderer, zu glauben, es ließen sich nicht gesellschaftliche Verhältnisse kritisieren, nur, weil sie einen bevorteilen – das wäre nun komplette geistige und ethische Insolvenz. Das kann's erst recht nicht sein.

Es lässt sich auch die eigene Perspektive, die eigene soziale Situation in Bezug setzen zu der anderer, immer wieder, es lässt sich auch nach einer Form suchen, in der die eigenen Privilegien so gedacht werden können, wie die Verletzungen und Ausgrenzungen. Vielen von uns, das ist es jetzt, das Wir, viele von uns erleben doch beides. Und es lässt sich nicht denken, nicht handeln, nicht leben, ohne das allen Gemeinsame, die universale Humanität, zu suchen. Es braucht ein Wir, und sei es als utopischen Vorgriff, als schreibende Behauptung dessen, was herzustellen die Aufgabe ist, mit jedem verfluchten Text, aber vor allem durch politisches Handeln.

Abends wurde durch das Innenministerium vermeldet, dass sich Deutschland bereit erklärt, 50 Kinder aus den Flüchtlingslagern auf den griechischen Inseln aufzunehmen. Im Ernst?

50? Dafür hat man Wochen des Verhandelns und Sich-Windens gebraucht? Für 50 kranke oder unbegleitete Kinder unter 14 Jahren? Das ist alles? Es gibt Gesten, die sollen human oder solidarisch wirken – und offenbaren doch nichts als zynische Feigheit.

50? Hatte da ein Staatssekretär gerade 50ten Geburtstag oder wie ist die Zahl zustande gekommen? Erklärt das jemand denen, die nicht mit dürfen? Erklärt das jemand Nr. 51 bis 1500. Und dann von Nr. 1501 bis …

Im März noch hatte sich eine »Koalition der Willigen« gebildet, was schon arg ist, denn da waren sehr viele Unwillige ringsum in Europa. Im März ging es noch um einen Anteil von 1500 Kindern für die Deutschland – und außerdem Frankreich, Portugal, Finnland und Litauen – eine Aufnahme garantieren wollte. Aber nicht einmal die waren zuletzt noch willig, nicht einmal die 1500 durften es zuletzt sein, schon gar nicht, so war zu hören, wenn es ein deutscher »Alleingang« wäre, wenn die anderen europäischen Staaten sich an ihre Zusagen nicht gebunden fühlten. Was ist denn das für eine Argumentation? Ob eine humanitäre Hilfe geboten ist, ergibt sich doch aus der Not, auf die sie reagiert – nicht aus der Frage, ob andere sie genau so leisten wollen. Muss neuerdings peinlich berührt sein, wer noch Menschen zu retten versucht, und nicht, wem sie gleichgültig sind?

In meinem liebsten Märchen der Gebrüder Grimm, »Sechse kommen durch die ganze Welt«, gibt es den Mann, der allein durch das Pusten aus einem Nasenloch sieben Windmühlen antreiben kann. Der fällt mir jetzt wieder ein, wenn mir die Dauer der Einschränkungen und ihre Folgen Angst macht, wenn ich vorspulen möchte in der Zeit und mir wünsche, ich müsste dazu einfach nur aus einem Nasenloch pusten. Wenigstens vergesse ich nicht, dass das magisches Denken ist. Manche, die da als Experten durch die TV-Formate spuken, scheinen sich sagenhafte Prognosefähigkeiten anzudichten, sie pumpen sich so auf mit Eigenlob-Doping, um dann politische Maßnahmen zu fordern, als gäbe es das: Gewissheit. Fast beneidenswert. So zweifelsfrei zu sein.

Ich werde jeden Tag nur unsicherer. Meine Intuitionen werden wechselhafter: Ob sich diese Krise doch noch einhegen lässt, ob es die Kliniken doch recht gut auffangen können, ob es ausreichend politischen Willen geben wird, die ökonomischen Lasten nicht wieder denen aufzuerlegen, denen sie immer aufgebürdet werden, ob sich die Gesellschaft im Ausgang der Krise ernsthaft befragen wird, was anders werden, was transformiert oder reorganisiert werden muss. Oder ob sich diese globale Katastrophe immer weiter verschärft, ob sie uns alle auch beschädigt und versehrt, ob sie die Ungleichheiten nur vertieft, autoritäre Nationalismen befördert, ob jeder sich selbst nur der Nächste sein und bloß nichts verändern will danach. Das eine Szenario erscheint mir so denkbar wie das andere.

Mittwoch, 8. April 2020

*»Wenn ich keinen Stift habe,
denke ich an einen Stift«*

Liao Yiwu

In der Küche steht eine Flasche Becks, die niemand anrühren darf. Sie ist reserviert für eine einzige Person. Die Flasche wartet hier auf sie. Damit niemand aus Versehen sich daran vergreift, heftet ein handbeschriebener Aufkleber daran. »Majeda's«. Majeda ist eine Freundin aus dem Gazastreifen, die ich von vielen Reisen dorthin kenne. Ich habe über die Jahre ihre Neffen aufwachsen sehen, habe mit ihr den Tod unserer Mütter betrauert und auch wenn ich sie seit langem nicht mehr besucht habe, schreiben wir uns noch. Jede Form der Gewalt oder des Fanatismus ist ihr so fern wie mir. Sonst wären wir nicht befreundet. Sonst könnte sie sich nicht mit dieser Hingabe für die Rechte von Kindern und Jugendlichen einsetzen.

Vor langer Zeit hat sie erzählt, wie das für sie war, als sie einmal hatte ausreisen dürfen, raus aus dem abgesperrten

Gebiet, zu einem Festival in Europa, wie beglückend das gewesen sei, sich bewegen zu können, einfach so, wie ein freier Mensch, und wie sie sich damals auf einem Platz an einen Tisch eines Restaurants gesetzt und ein Bier bestellt und es getrunken habe. Öffentlich. Sodass alle es sehen konnten. Und wie nach Jahren unter der radikal-islamistischen Hamas im Gazastreifen (die Alkoholkonsum strikt untersagt) dieses nicht-heimliche Bier ihr solch verdammte Freude bereitete, dass sie gleich noch eins bestellte. In Gaza müssten alle Spuren des Verbotenen beseitigt, Whiskey- oder Bierflaschen zerschlagen und entsorgt werden. Deswegen war das Schönste an Majedas öffentlichem Bier, dass sie nichts vertuschen musste, also bestellte sie eins nach dem anderen, und erklärte dem Kellner, nur ja nicht die ausgetrunkenen Gläser vor ihr auf dem Tisch abzuräumen.

Seit sie mir diese Geschichte erzählt hat, möchte ich mit Majeda ein Bier trinken, hier, in Berlin, aber dazu muss sie ausreisen dürfen. Ich habe das früher schon einmal geschrieben. In einer Kolumne. Vor vielen Jahren. Da war das Becks noch frisch. Das Haltbarkeitsdatum ist längst abgelaufen. Aber ich bringe es nicht übers Herz, die Flasche wegzuwerfen und durch eine neue zu ersetzen. Und es einfach aufgeben, das geht schon gar nicht.

Diese Tage schrieb mir Majeda und fragte, wie die Situation mit Corona hier sei, wie es sich lebe mit den Ausgangsbeschränkungen. Das war noch nicht mal ironisch gemeint. Was soll man da antworten? Sie schrieb noch: »Vergesst uns nicht.« Das war letzte Woche. Heute ist Majedas Geburtstag, und ich habe sie gefragt, ob ich etwas von dem, was sie mir schreibt, aufnehmen darf in dieses Journal. Sie hat zugestimmt.

»Als die Epidemie ausbrach, habe ich mir alle geliebten Menschen und Freunde hier zu mir nach Gaza gewünscht«, schreibt sie, »weil es wie der sicherste Ort auf Erden schien. Ich hatte dieses Gefühl, sicher und beschützt zu sein, das ich so nicht mehr kannte, seit mein Vater gestorben ist.« Aber mit den ersten bestätigten Corona-Fällen auch in Gaza ist die Ruhe dahin. Wir sind voller Angst, schreibt Majeda, nicht vor dem Virus, sondern vor Erschöpfung.

Die dpa meldet: Sachsen-Anhalts Innenminister Holger Stahlknecht habe versichert, »die Aufnahme von 1 (ausgeschrieben: einem) Flüchtlingskind sei problemlos möglich«. Ein Kind? Ob die da sicher sind? Ob das nicht doch eine zu große Belastung wird? Puuh. So ein ganzes Flüchtlingskind, mit allem dran, Arme, Beine, Füße, das ist schon eine enorme Aufgabe für so ein ganzes Bundesland.

Meine Güte. Hört da eigentlich noch jemand hin? Eins. Ohne Probleme. Das könnte Real-Satire sein, wenn es nicht so furchtbar wäre.

Donnerstag, 9. April 2020

»*No more apologies for a bleeding heart when the opposite is no heart at all. Danger of losing our humanity must be met with more humanity.*«

Toni Morrison, The War on Error

Vor dem Altenheim in der Nachbarschaft steht eine kleine Familie, halb auf dem Bürgersteig, halb auf der Straße, damit der Blickwinkel nach oben in den dritten Stock nicht zu steil ist. Sonst könnten sie ihn nicht sehen, den Großvater, der sich auf die Fensterbank gestützt hat und herunterblickt, weil das alles ist, was ihm unter den geltenden Beschränkungen erlaubt ist. Von unten nun rufen sie hoch, das, was sie vielleicht auch sonst im Gespräch sagen oder fragen würden, das, was zugewandt und einfühlsam klänge, wenn sie einander gegenüber säßen und vielleicht die Hand auf die Hand des Anderen legen könnten, das, was ironisch oder verschmitzt, mit einem Lächeln, den anderen aufheitern könnte, das, was geflüstert ein Geheimnis bergen könnte, das, was sonst an Nähe entstünde, alles das, was sonst eben eine Begegnung ist, ein Gespräch, all das misslingt.

Es beginnt schon mit dem Stehen. Im Stehen lässt sich nicht frei sprechen. Im Stehen lässt sich etwas verkünden, im Stehen lässt streiten, aber nichts offenlegen, nichts teilen. Ich habe noch nie je von irgendeinem Menschen auf der Welt etwas im Stehen erfahren. Im Stehen lässt sich gerade mal nach dem Weg fragen, aber niemand erzählt etwas von sich, etwas Zartes, etwas Schmerzliches im Stehen. Dazu muss man gehen, spazieren mit- und nebeneinander, dazu muss man sitzen, bei einem Glas Tee oder etwas anderem, dazu muss man zeigen, dass nichts eilt, dass nichts wichtiger ist, dass es Zeit zum Zuhören, zum Kennenlernen, zur Begegnung gibt. Das Stehen ist immer das Vorläufige. Das wissen am besten die Alten, die nicht mehr lange stehen können. Aber auch niemand Jüngeres steht ewig auf dem Bürgersteig.

Dann ist da die Entfernung. Die Distanz verlangt nach Lautstärke. Allein: laut lässt sich nicht richtig sprechen. Jeder Satz, jede Frage wirkt plump, wenn sie gebrüllt werden muss. Laut lohnen sich keine eleganten Worte. Laut lässt sich nichts Komplexes, nichts Ambivalentes ausdrücken. Selbst das Alltäglichste klingt gebrüllt auf einmal deplatziert. »Wie war das Mittagessen?«, was soll der arme Großvater darauf zurück brüllen? Weil alles öffentlich ist und die ganze Nachbarschaft mithört, fällt alles, was wirklich innig oder offenherzig oder auch nur albern wäre, sowieso raus. Derbe Witze lassen sich so wenig vom Bürgersteig aus zum Balkon brüllen wie sanfte Liebesworte.

Alle mühen sich, die Familie unten, die ja ihre Kinder eingepackt hat und hergekommen ist, um den Großvater wissen zu lassen, dass er nicht allein ist, und der Großvater oben, der da auf dem Fenstersims lehnt und der weiß, dass dies nun einmal die Verordnungen sind, die für alle gelten und die zum Schutz der medizinischen Grundversorgung der Gesellschaft erlassen wurden.

Auf dem Weg nach Haus male ich mir aus, was sie hätten einander sagen wollen. Auf dem Weg nach Haus male ich mir aus, welchen Kummer sie sonst hätten miteinander teilen wollen oder welchen Tratsch, welche Kunststücke oder welche schlechten Manieren die Kinder hätten vorführen können. Auf dem Weg nach Haus male ich mir aus, ich hätte meine geliebte Großmutter, die vor langer Zeit gestorben ist, so besuchen müssen. Ich bin sicher, sie wäre dort oben am Fenster vor allem damit beschäftigt gewesen, sich die Traurigkeit nicht anmerken zu lassen, so wie ich, brüllend auf dem Bürgersteig, versucht hätte, mir meine nicht anmerken zu lassen. Zu lieben hieß und heißt immer auch, einander vor Schmerzen zu bewahren. Auf dem Weg nach Hause frage ich mich, ob das bei dieser Familie auch so war, ob sie auch deswegen so brüllten, um sich wechselseitig zu beschützen.

Es klang so vernünftig: »Nur Abstand ist Ausdruck von Fürsorge«, ja, für eine begrenzte Zeit, ja, aus Rücksichtnahme, aber trotzdem müssen wir als Gesellschaft fragen, wie lange das zumutbar ist, wenn wir als Personen dessen beraubt werden, was wir sind oder wer wir füreinander sein wollen. Der Deutsche Ethikrat spricht in seiner *ad-hoc*-Empfehlung »Solidarität und Verantwortung in der Corona-Krise« davon, dass auch der gebotene Schutz menschlichen Lebens nicht absolut gilt. »Ihm dürfen nicht alle anderen Freiheits- und Partizipationsrechte (…) *be-*

dingungslos nach- bzw. untergeordnet werden.« Bislang ließen sich die Maßnahmen der Einschränkung *als zeitlich begrenzte* Maßnahmen rechtfertigen – eben um die Versorgung und Behandlungen von Kranken (nicht nur denen, die an Covid-19 erkranken) durch das Gesundheitssystem zu garantieren. Es war politisch nachvollziehbar, in dieser Epidemie, die ökonomischen, sozialen, psychischen Belastungen, die aus den Freiheitseinschränkungen folgen, für solidarisch geboten und für verantwortbar zu halten. Das wird sicherlich auch noch einige Wochen anhalten, bis der in den Modellen antizipierte höchste Wellenkamm erreicht ist und mit einem (mindestens vorübergehenden) Rückgang der Infektionen gerechnet werden kann.

Wenn nun aber über die Bedingungen eines »Renormalisierungsprozesses«, einer stufenweisen Öffnung des Shutdowns diskutiert wird, wenn schon von einzelnen Sektoren der Wirtschaft gesprochen wird, die ihre Produktion wieder sollen aufnehmen können, wenn schon darauf hingewiesen wird, dass Alte oder Menschen mit Vorerkrankungen auch dann noch geschützt werden müssen – so bleibt die Frage der Risikoabwägung und Verantwortungszuweisung heikel. Ob wirklich die jungen, fitten wieder alle ihre Freiheiten genießen dürfen, aber die älteren Menschen weiterhin isoliert bleiben müssen? Ob sich wirklich die Mündigkeit, die eigenen Risiken einschätzen und abwägen zu können, den einen zusprechen und den anderen absprechen lässt? Wenn wir über partielle oder stufenweise Renormalisierung sprechen, muss es eine Normalisierung für alle sein.

Die Hyper-Kommunikation der ersten Wochen, die besorgten Nachfragen reihum im Freundeskreis, in den Familien, per Telefon oder Video, das ununterbrochene Abklären, Aufmuntern, Erzählen, die die erste Zeit so ausgezeichnet hat – sie bricht doch merklich ab. Die engsten, geliebten Menschen werden immer stiller. Den Alltag im Ausnahmezustand kennen wir mittlerweile, wem alle Einnahmen wegbrechen, wer keine Aufträge mehr bekommt, wessen Eltern an der türkisch-syrischen Grenze in Quarantäne, wessen Vater gerade eine Herz-OP überstanden, wer die eigene Kneipe vermutlich nie wieder wird öffnen können, weil der Raum zu klein, die Plätze zu nah aneinander als dass es gestattet wäre, dort wieder zu sein, wir wissen von einander, alle, wie bitter wir, jede*r auf seine Art, existentiell getroffen sind, was sollen wir das einander noch erzählen, ein Klage-Dialog, wenn niemand Grund hat, dem anderen Mut zuzusprechen, wenn alle sehen, wie ihnen die Arbeit wegbricht, die Honorare, die Zuversicht.

Und jetzt auch noch Ostern. Bei aller Freude über die innigen Tage, bei allem, was mir auch gefällt an dieser Zeit und wie wir sie hier zusammen erleben – es ist schon sehr zweisam. Also: wirklich zweisam. Man könnte auch sagen: irgendwie brutal spießig zweisam. Dauernd zuhause, kochend, mal spazieren gehend, keine Bars, keine Clubs, keine Möglichkeit des Ausbruchs, der Nächte mit Freunden, keine Konzerte, kein Theater, keine Partys hier oder woanders. Das mit dem zweisam zuhaus war an sich nicht das Lebensmodell. Dazu gehörte immer die Freundesfamilie, dieser weitverzweigte Stamm an geliebten Menschen, mit denen ich gemeinsam denken und feiern, trauern und engagieren will. Das ist wirklich das Ärgste, jenseits all der ökonomischen oder politischen Sorgen, dieses Netz an Freund*innen zu vermissen, die sonst hier ein und aus gehen, mit denen sich sonst das Leben oder die politischen Zerwürfnisse diskutieren lassen, mit denen zusammen sich Ideen und Projekte entwickeln lassen, diese Freund*innen, die sich immer versammeln, wenn etwas über uns hereinbricht, wie Halle oder Hanau, und die wir nun alle einzeln oder zu zweit oder in unseren Familien hocken. So hatte ich mir mein Leben nicht vorgestellt. Langsam sehne ich mich nach einer Massen-Orgie, nach einem endlos langen Rave, langsam sehne ich mich nach einer riesigen Demo, wo wir alle eng aneinander stehen und gehen, langsam sehne ich mich nach meinem Leben.

Freitag, 10. April 2020

In der Nacht kam die Meldung, dass sich die Finanzminister*innen der EU nun doch auf ein Rettungspaket geeinigt haben. Es werden verschiedene Instrumente eingesetzt: die europäische Investitionsbank soll angeschlagene Unternehmen mit Darlehen stützen (bis zu 200 Milliarden Euro), der Rettungsfond ESM soll den besonders stark getroffenen Ländern zinsgünstige Kredite anbieten (bis zu 240 Milliarden Euro) und die Europäische Kommission will Hilfen bereitstellen, die Kurzarbeit finanzieren und Massenentlassungen verhindern können (bis zu 100 Milliarden). Es mag an meiner geringen juristischen Expertise liegen, aber allein diese verkürzelten Sprachgebilde dienen nicht der europäischen Euphorie. In dieser dramatischen Krise kommt es nicht nur darauf an, ob es am Ende ökonomische Hilfen gibt, sondern auch ob sie so widerwillig, so herablassend nur zugestanden werden, dass sie nicht als Ausdruck von Solidarität, sondern als Geste der Demütigung ankommen. Das wird nicht nur nicht reichen. Es wird auch nicht vergessen werden.

Ansonsten: Feiertag. Eigentlich ein Tag zum Innehalten. Aber wenn das Innehalten, das Stillhalten, die Isolation schon das verordnete Programm der letzten Wochen war, dann ist mir nicht recht danach. Ein christlicher Freund schrieb mir heute früh: »Wie seltsam wäre es, jetzt Weihnachten zu haben.« Da hat er natürlich auch wieder recht. »Passion geht irgendwie immer«, fügte er noch hinzu, und da musste ich dann wirklich lachen. In diesem Sinne hoffe ich, dass es einige gute Tage für uns alle werden, ob uns Ostern etwas bedeutet oder Pessach oder nicht. Wenn ich wieder etwas empfehlen darf fürs lange Wochenende, dann mal etwas Kurzes. Die Erzählungen von J. D. Salinger, die mir immer schon mehr gefielen als der gefeierte »Der Fänger im Roggen«, die »Neun Erzählungen« sind eine besser als die andere, bitter, unversöhnlich, bezaubernd, witzig, sie lassen einen verwirrt, verstört, beglückt zurück, und wer die anderen Bücher von Salinger liebt, entdeckt auch hier wieder die Geschwister der »Glass«-Familie, die für mich zu den wunderbarsten literarischen Figuren gehören, die es gibt. Mein Favorit ist die erste Erzählung in dem Band, »Ein guter Tag für Bananenfisch«, aber sie ist zu düster für diese Krise, die sollte man sich für hellere Tage aufheben. Aber die Geschichte »Unten beim Boot«, die von Lionel erzählt, der immer von zuhause wegläuft und sich in einem Dingi versteckt und wie er dann gefunden wird – das kommt gerade recht für dieses Wochenende. Passen Sie aufeinander auf und bleiben Sie zu Haus.

Dienstag, 14. April 2020

»*Das einzige*
was total schade ist
ist, dass die Antworten nur so kurz DA sind.
Es leuchtet einem ein
in dem Augenblick, in dem es gesagt wird
und in einem selbst aufleuchtet dadurch
und dann verlischt das so langsam.«

Rainald Goetz, Katarakt

In jeder Generation gibt es politische oder soziale Ereignisse, die im Moment ihres Geschehens schon den Zeitgenossen als historische Zäsuren erscheinen. Ich habe einmal meine Eltern gefragt, was sie für sich als eine solche Zäsur erlebt haben und sie nannten zu meiner Überraschung beide denselben Augenblick: die erste Landung auf dem Mond. Ich bin 1967 geboren und ich wüsste sie für meine Lebenszeit sofort zu benennen: die unvergessenen Momente, die ich als verwirrende, erschütternde, beglückende Ereignisse erlebt habe, die etwas beendeten oder öffneten, so dass die Welt danach nicht mehr dieselbe war. Wenn ich mir die einzel-

nen Geschehnisse aufrufe, nehmen sie sich sonderbar ungleich aus. Sie ließen sich auch noch um weitere Einschnitte
ergänzen, aber hier wären meine historischen Schwellen:

Der Tod von Khomenei. Das Massaker von Tian'anmen.
Der Fall der Mauer. Die Freilassung von Nelson Mandela.
Und die Anschläge des 11. September. Das wären sie chro-
nologisch. Nicht nach ihrer persönlichen oder politischen
Bedeutung.

Die ersten beiden geschahen an demselben Tag und der
anschließenden Nacht: vom 3. auf den 4. Juni 1989. Der
Tod von Khomenei und das Massaker in Peking. Die ambivalente Gleichzeitigkeit verwirrte mich damals, weil sich
in das Entsetzen über das brutale Niedermetzeln der fried-
lichen Protestbewegung diese tiefe Erleichterung mischte
über den Tod des Ayatollah. Die Meldungen lagen einige
Stunden auseinander, wenn ich mich richtig erinnere. Erst
gingen bruchstückhaft die Berichte über die Gewalteskala-
tion in China ein, dann mitten in der Nacht die Nachricht
aus Teheran, mit der, wie ich damals fälschlich glaubte, das
fundamentalistische Regime sich würde öffnen müssen.

Bei dem Fall der Mauer und der Freilassung von Nelson
Mandela studierte ich in London und hatte keinen eigenen
Fernseher. Beim Fall der Mauer bin ich tags darauf nach
Berlin gereist, weil ich hier in der Stadt sein wollte. Bei der
Freilassung von Mandela musste ich mich in London bei
einer Freundin mit TV-Gerät einladen (das brauchte es
damals noch), um live verfolgen zu können, wie da dieser

schmale, feine Mann im Nadelstreifenanzug auftauchte, der länger im Gefängnis gesessen hatte als ich alt war, und der nun jeden einzelnen Schritt zu prüfen schien, ob es wirklich erlaubt war, einen Fuß vor den anderen zu setzen und zu gehen. Dieser lange, langsame Gang von Nelson Mandela gehört sicher zu den berührendsten politischen Augenblicken meines Lebens. Ganz gleich, was noch kommt.

Alle diese Ereignisse haben ihre eigene Ikonographie geschaffen, sie alle haben sich verkoppelt mit einzelnen Bildern und Motiven, in denen wir behaupten, »Geschichte« erkennen zu können. Sie bündeln Projektionen, verdichten komplexe Erfahrungen und schaffen eine imaginäre Gemeinsamkeit. Sie vertiefen Irrtümer so wie Wahrheiten, sie werden medial wieder und wieder reproduziert, bis sie sich als emblematisch eingeprägt haben.

Wird das Massaker von Tian'anmen erwähnt (das übrigens gar nicht auf dem Platz, dessen Namen es trägt, stattfand), assoziieren die meisten vermutlich jenes berühmte Bild, auf dem ein unbewaffneter Mann mit schwarzer Hose und weißem Hemd zu sehen ist, der sich einer Kolonne aus vier Panzern entgegen stellt.

Die Szene ereignete sich einen Tag nach dem Gemetzel, am 5. Juni, auf der menschenleeren Changang-Straße. Es gibt Aufnahmen aus verschiedenen Perspektiven. Eine fortlaufende Sequenz. Wie der erste Panzer versucht, um den bis heute namenlos gebliebenen Mann herumzufahren, und dieser sich ganz ruhig immer wieder in den Weg stellt, als sei es ein Kind, das sich verlaufen hat, und kein mörderisches Kampffahrzeug. In dem Ausschnitt, der zumeist abgebildet wurde, ist die Szene auf eine Konfrontation von einer Person und einem Panzer verengt worden. Dabei ist die totalere Aufnahme eigentlich erschütternder.

Diese ikonischen Bilder überlagern manchmal auch jene Eindrücke, die wir selbst wahrgenommen haben. Am 11. September war ich zwar in New York, habe die Flugzeuge aber nicht in die Türme des *World Trade Centre* fliegen sehen. Als ich auf die Straße lief, waren die Fassaden bereits zerfetzt und standen in Flammen. Ich habe sicher weniger gesehen als die meisten an den Bildschirmen, wenn auch vermutlich Schrecklicheres. Aber im inneren Archiv schieben sich bei mir oft die gefilmten Aufnahmen aus den Dokumentationen vor die selbst erlebten Szenen – als sei es wichtiger, was offiziell ins kollektive Gedächtnis eingeschrieben wird, als meine eigene individuelle Erfahrung.

Welche Bilder werden von dieser Corona-Krise bleiben? In welchen Bildern werden wir später einmal unsere Erfahrungen in dieser historischen Zeit versammelt glauben? Wie wird die Krankheit selbst visualisierbar oder nur die massenhaften Begräbnisse, die ihr nachfolgen? Welche Figuren werden heroisiert, welche werden vergessen werden – und warum? Wird der einsame Franziskus im prachtvollen, aber menschenleeren Petersdom an Ostern eher als Ikone taugen als der fiebrige Arzt und Whistleblower Xi Wenliang mit Atemmaske, der an eben der Infektion verstarb, über deren Gefährlichkeit er uns alle warnen wollte? Vermutlich.

Vermutlich wird selbst der Name dieses mutigen Chinesen vergessen werden. Deswegen sei er hier nochmal genannt. Er hieß Xi Wenliang. Er starb in der Nacht vom 6. auf den 7. Februar. Das ist gerade mal zwei Monate her.

Von welchen Erfahrungen wird es keine Dokumente geben, welche Grausamkeiten werden nicht bezeugt, nicht bebildert werden, welche Gegenden bleiben ausgestanzt, als ob sie nicht zu dieser Welt gehörten, als ob die Menschen dort weniger human oder weniger sterblich wären.

Vielleicht macht das diese Krise so schwer zu fassen: dass sie sich über Wochen und Monate und Jahre erstrecken wird, dass sie in Etappen verläuft, zeitverzögert verschiedene Länder und Regionen erfasst, so dass sich nie aufatmen lässt, weil die Beruhigung in der einen Zone den Schrecken in der anderen erst einläutet. Vielleicht lässt sich diese historische Zäsur auch deswegen so schwer aushalten, weil sie sich kaum zu Ende denken lässt: es mögen zukünftige Szenarien modelliert werden, aber nur die Erfahrung liefert verlässliche Informationen, um solche Modelle zu validieren. Vielleicht macht es das so fragil als Schwellen-Erfahrung, dass sich nicht erkennen lässt, was von unserer sozialen Verfasstheit, von unseren politischen Intuitionen, von unserem Konsumverhalten, unseren Wachstumsobsessionen, unseren demokratischen Praktiken und Überzeugungen, was von Europa und der internationalen Ordnung bestehen bleibt – oder was hier gerade zu Ende geht.

Wie sehr der Ausnahmezustand einem zusetzt, blitzt manchmal so unerwartet und heftig auf, dass es sich nicht verbergen lässt. Über Ostern bin ich mit einem Freund bei einem Spaziergang durch die Nachbarschaft plötzlich in eine Baustelle gelaufen. Ein meterhohes Gitter sperrte quer den Weg ab, keine Umleitung, kein Wegweisschild, keine Bauarbeiter weit und breit, nur dieser etwas unmotiviert aufgestellte Zaun. Wir schlichen an der Seite hindurch, gingen weiter über den noch unfertigen, aufgebrochenen Boden, als mir die straff gespannten Drähte auffielen – und mich reflexhaft zusammen fahren ließen. Alles war harmlos: nichts als Markierungen, mit denen vermutlich die Maurer ihr Arbeitsfeld hatten abstecken wollen. Aber in diesem Moment fuhr mir ein längst vergessener Schreck in die Glieder, einer, der aus anderen Erfahrungswelten stammt, in denen ein harmloser Draht einen nicht-harmlosen Sprengsatz auslösen kann. Die Assoziation passte in ein Kriegsgebiet und nicht in eine lächerliche Baustelle in Berlin. Es war sofort vorbei, die Wahrnehmung sofort wieder geeicht auf die hiesige Welt. Aber wie mir diese Krise doch unter die Haut gekrochen ist, war freigelegt.

In Francisco Cantús Roman »No man's land« über das Leben an der amerikanisch-mexikanischen Grenze gibt es diese Szene wie der Erzähler, ein junger Grenzbeamter, der jeden Tag verzweifelte, durstige Einwanderer in der Wüste auflesen und sie zwangsweise deportieren muss, zum Zahnarzt geht. Der Zahnarzt betrachtet die Mundhöhle, und sagt schließlich: »Wissen Sie, dass Sie ein Knirscher sind?«, der Erzähler ist verwirrt, das wusste er nicht, aber der Zahnarzt legt nach, das sehe alles gar nicht gut aus, was ihn wundere, denn in der Patientenakte sei gar nichts vermerkt von einer solchen Gewohnheit. Was er denn beruflich machte, »Ich bin beim Grenzschutz«, ah, aufregend, und: »Ist die Arbeit stressig?«, das Knirschen sei auf Stress zurückzuführen. Der Erzähler ist verärgert über diese Frage, weil sie ihn zwingt nachzudenken über das, was er jeden Tag mit ansehen muss, aber nicht befragen will. Er druckst herum, windet sich, leugnet die Bürde der Arbeit, und weiß doch, dass der Kiefer, den der Zahnarzt betrachtet, sich nicht belügen lässt.

Wir werden sie sammeln müssen, die körperlichen und psychischen Spuren, die sich in uns einschreiben, ob wir sie wahrhaben wollen oder nicht.

Mittwoch, 15. April 2020

»*Es gehört zum Mechanismus der Herrschaft,
die Erkenntnis des Leidens, das sie produziert, zu verbieten.*«

Theodor W. Adorno

Warum lassen sie ihn nur sprechen? Warum unterbricht niemand die Ausstrahlung?

Warum schreitet niemand ein? Warum darf das unkontrolliert, ungefiltert, ungekürzt einfach so in die Welt gesendet werden?

Es ist nicht mehr allein der grenzenlose Narzissmus, nicht allein die niederträchtige Diffamierung und Herabsetzung von Personen, Gemeinschaften, Religionen, Staaten, es ist nicht bloß die systematische Aufkündigung von internationalen Abkommen, die den Frieden oder das Klima schützen sollen. Unverzeihliche politische Entgleisungen gehören zum Repertoire dieses geistig und moralisch unterernährten Präsidenten wie unverständliche, wirre Satzfolgen. Aber das unverantwortliche Ensemble aus eigensüchtigen Lügen und medizinischen Fehlinformationen, das Donald Trump täglich ungehindert und in Echtzeit vor Millionenpublikum produziert, das grenzt an fahrlässige Tötung.

Ein puritanischer Aufschrei ging durch die amerikanische Öffentlichkeit, als im Jahr 2004 in der von CBS übertragenen Halbzeit-Show des 38. Superbowl mal kurz die blanke, gepiercte Titte von Janet Jackson zu sehen war, weil Justin Timberlake ihr (durchaus passend bei der Zeile »*I'm gonna have you naked by the end of this song*«) die Korsage runterriss. Es folgten wutschnaubende Protestwellen, devote Entschuldigungen, saftige Strafzahlungen, und die großen Fernsehanstalten vereinbarten schließlich, Oscar- und Grammy-Preisverleihungen wie den Superbowl nur noch mit fünf-Sekunden-Verzögerung auszustrahlen, um etwaige »unsittliche Inhalte« verhindern zu können. In jeder amerikanischen Gesprächssendung wird penibel darauf geachtet, nur ja nicht grob klingende Worte zu verwenden, es wird »gepiept« und gekürzt, was immer als ansatzweise unhöflich empfunden werden könnte – aber mitten in einer globalen Epidemie, an der Millionen erkranken und Tausende verrecken, soll der Präsident unkontrolliert mit seinen Lügen Menschenleben gefährden dürfen?

Fast genau zwei Jahre sind sie her, die Anhörungen von Marc Zuckerberg durch amerikanische Kongress-Abgeordnete, bei denen der CEO von Facebook Rede und Antwort stehen sollte. Es war eine zweitägige Farce im April 2018, bei der Zuckerberg auf demütig und ahnungslos mimte, während die Abgeordneten technisch-affin und kapitalismus-kritisch taten – aber keiner dem anderen ernsthaft weh tun oder gar etwas ändern wollte. In dem an Absurditäten nicht armen Spektakel lieferte der republikanische Senator Lindsey Graham das Highlight als er Zuckerberg fragte, ob er denn nicht Facebook für ein Monopol hielte, und dieser so schamlos wie infantil antwortete: »*It certainly doesn't feel like that to me,*« es fühle sich für ihn sicherlich nicht so an. Na, dann.

Dabei ging es nicht allein um den Vorwurf, dass Facebook die persönlichen Daten seiner Mitglieder rücksichtslos ausbeutet und verschachert. Sondern auch um die existentielle Gefahr für demokratische Gesellschaften, die durch ungefilterte Verbreitung von Desinformation und Lüge, Hass und Hetze entsteht. Die Exzesse in Myanmar, bei denen zu genozidaler Gewalt gegen die Minderheit der Roxingha aufgerufen wurde, waren sicherlich das trostloseste Beispiel der verantwortungslosen Macht von medialen Giganten wie Facebook.

Seit Jahren gibt es nun schon eine politisch wie juristisch anspruchsvolle Auseinandersetzung über die Fragen, wie soziale Medien verpflichtet werden können, gegen anti-demokratische Manipulationen, propagandistische Lügen und Aufrufe zu Gewalt vorzugehen: Welche staatlichen Sanktionen angedroht, welche technischen Instrumente eingesetzt werden können? Welche Freiheitsrechte dabei nicht begrenzt werden dürfen? Wie Ressentiment und Hass strafrechtlich verfolgt werden können?

Wie die Distribution von Wissen und Informationen im Zeitalter der Monopole Google und Facebook gesichert werden kann, ist eine der großen demokratie-theoretischen Fragen, die nicht erst seit dem Brexit in ihrer Dramatik erkennbar wurde. Ohne geteiltes Wissen, ohne öffentliche Selbstverständigungs-Diskurse, ohne politischen Streit über die soziale, ökonomische, ökologische Wirklichkeit kann es keine freie, offene Demokratie geben.

Und da kann dieser pathologische Lügner mit der Konzentrationsspanne eines Dreijährigen Abend für Abend über eine der gefährlichsten Virus-Erkrankungen der globalisierten Welt Desinformation verbreiten – und niemand in den Sendern erwägt auch nur, das zu beenden oder lediglich Auszüge zu bringen, die nicht lebensgefährlich sind?

Als Ende März der brasilianische Präsident Jair Bolsonaro wiederholt in Botschaften auf Twitter die Gefahr von Covid-19 verharmloste und alle Maßnahmen als »hysterisch« abtat, entschied sich die Firma einzugreifen und löschte die Nachrichten. Die Mitteilungen hätten gegen die bei Twitter geltenden Regeln verstoßen, erklärte das Unternehmen mit Sitz in San Francisco, es würden solche Botschaften gelöscht, die den Informationen der Gesundheitsbehörden zu der Pandemie widersprächen und das Risiko einer Weiterverbreitung des Virus erhöhen könnten.

Geht doch.

Abends schickt mir eine Freundin aus New York per E-Mail einen Witz. Wir kennen uns seit 30 Jahren, aber sie hat mir noch nie einen Witz geschickt.

Wenn der Kapitän der Titanic Donald Trump wäre ...
»Es gibt keinen Eisberg. Es gab da einen Eisberg, aber das war in einem ganz anderen Ozean. Der Eisberg ist in diesem Ozean, aber er wird sehr bald schmelzen. Es gibt einen Eisberg, aber wir haben ihn nicht gerammt. Wir haben den Eisberg gerammt, aber der Schaden wird schnell behoben. Der Eisberg ist ein chinesischer Eisberg. Es dringt Wasser ein, aber jeder Passagier, der ein Rettungsboot will, bekommt auch ein Rettungsboot, und es sind sehr schöne Rettungsboote. Hören Sie mal, Passagiere müssen schon freundlich nach Rettungsbooten fragen, wenn sie sie kriegen wollen. Wir haben keine Rettungsboote, wir sind doch kein Rettungsboots-Verleih. Ich glaube wirklich nicht, dass wir viele Rettungsboote brauchen werden. Wir haben Rettungsboote und die sollen gefälligst unsere Rettungsboote sein. und nicht für die Passagiere. Die Rettungsboote wurden vom letzten Kapitän dieses Schiffes am Strand zurückgelassen. Niemand konnte mit einem Eisberg rechnen.«

Donnerstag, 16. April 2020

>>*Um zu wissen, muss man wissen, was man will,*
aber auch, wo unser Nichtwissen, unsere latenten Ängste,
unsere unbewussten Wünsche zu verorten sind.<<

Georges Didi-Huberman, Wenn die Bilder Position beziehen

Die Krise taugt nicht dazu, mit sich selbst ins Reine zu kommen. Jeder Tag hält eine Prüfung bereit, einen Test, wie geduldig, wie hilfsbereit, wie mitfühlend man sein will, nicht theoretisch, sondern praktisch. Nicht nur freiwillig, als spontane Geste, sondern notgedrungen, als Langstrecke. Wie viel schmerzliche Distanz zu geliebten Menschen, wie viel Verluste an Einnahmen, wie viel anstrengende Kinderbetreuung als Alleinerziehende haken wir noch ab, ordnen wir ein als das, was es braucht und was wir aushalten? Jeder Tag birgt Gelegenheiten, sich selbst zu enttäuschen.

Es beginnt schon morgens beim Blick auf die internationalen Statistiken mit den jeweiligen Infektions- und Sterberaten: wenn ich an mir selbst entdecke, wie ich in der nationalistischen Rasterfahndung mitspiele und aufatme angesichts der günstigen Zahlen für Deutschland. Als sei

das eine Olympiade nationaler Verbände und keine grenz-
überschreitende Pandemie. Was mache ich nur? Was genau
kartographiert dieser Blick jeden Morgen? Was macht das
mit einem, wenn diese Ungleichheiten vorgeführt werden?
New York: 10 000 Tote. Berlin: 51. Wie lässt sich das betrachten, von der Wohnung in Berlin aus, ohne erleichtert
zu sein und sich darüber gleichzeitig zu schämen? Wie lässt
sich nicht dankbar sein, für den unverdienten Zufall, in dieser Gegend zu leben, in diesem Staat, in dem offensichtlich – im Moment zumindest – mehr Schutz gewährleistet
ist. Ein Staat, den ich ansonsten (und auch weiterhin) in
seinen politischen oder sozialen Unzulänglichkeiten hin-
länglich kritisiere.

Seit dieser Woche ertappe ich mich dabei, dass ich bestimmte Länder »gut abschneiden« sehen will. Nicht »sie-
gen«. So martialisch dann doch nicht. Aber ich schaue mit
ausgeprägter Voreingenommenheit und voll kompetitivem
Ehrgeiz: ich möchte jene Regionen oder Staaten besonders
glimpflich die Krise überstehen sehen, die in der Bekämp-
fung des Virus die zivilsten Methoden angewandt haben.
Ich suche die Statistiken nach niedrigen Infektions- und
Todeszahlen ab und hoffe, die erfolgreichsten Länder mögen solche sein, die nicht das Kriegsrecht ausgerufen und
nicht den Rechtsstaat ausgesetzt haben, die die Bürgerrechte
so weit wie möglich geschützt und die Zivilgesellschaft als
mündige respektiert haben.

Gewiss, es muss erst einmal nachweisbar sein, was letztlich den epidemiologischen Unterschied ausgemacht haben
wird. Es muss rekonstruierbar sein, ob es wirklich das frühe
Testen und zügige Isolieren von Infizierten oder möglicher-

weise nur der Zufall einer jungen Kohorte der ersten Er-
krankten war. Ob es wirklich die vernünftigen politischen
Instrumente waren, die das Schlimmste verhindert haben
in einer bestimmten Region oder nur die geringe Bevölke-
rungsdichte dort. Ob es wirklich schlechtes Krisenmanage-
ment in einer Gegend war oder nur eine besonders marginalisierte, arme Bevölkerung ohne Zugang zu frischem
Wasser oder medizinischer Versorgung.

Betrachtet man die jüngsten Beschlüsse der Regierung
und der Ministerpräsident*innen, lässt sich ahnen, wie
kleinteilig und kompliziert es sein wird, nachzuvollziehen,
welche Maßnahmen geholfen, welche zu eilig und gehetzt
beschlossen wurden. Insofern ist die föderale Uneinigkeit,
die zu unterschiedlichen zeitlichen Abläufen mit unterschiedlichen Regelungen und Praktiken führt, eine analytisch nützliche Versuchsanordnung, weil sich so beobachten
lässt, was wirkt und was schadet, und hoffentlich dann auch
entsprechend nachjustieren lässt.

Es spielt keine Rolle, wer auf internationaler Ebene den
Präzedenzfall eines demokratischen Ausnahmezustands
schafft, in dem gemeinschaftlich und transparent ökonomischer, sozialer, kultureller Verzicht geübt wird für ein kollektives Ziel – und tatsächlich weniger Opfer zu beklagen
sind, tatsächlich weniger Schaden angerichtet wird. Es spielt
keine Rolle, ob es am Ende eines der westafrikanischen Länder wäre, das uns vorführt, wie sich die eigene Bevölkerung
am gerechtesten schützen lässt oder eines der südostasiati-
schen. Es spielt keine Rolle, ob es ein skandinavisches Land
wäre, dem es gelingt, ohne omnipotente Polizeimacht diese
Krise zu bestehen oder ein mittelamerikanisches. Es spielt

keine Rolle, wo die Normalisierung am frühesten und nachhaltigsten gelingt. aber es wäre politisch naiv zu glauben, dass es nicht dystopische Folgen hätte, wäre es ein Staat, der sich vor allem durch Repression und Entrechtung des Virus erwehrt hat. Es würde weltweit den anti-demokratischen Regimen und Bewegungen als Legitimierung ihrer autoritären Ambitionen dienen, sie würden sich als dynamischer und lernfähiger behaupten, ihre totalitären Überwachungsmethoden als gemeinwohl-orientiert maskieren – und dabei noch Vorbildcharakter für andere beanspruchen.

Mein türkisches Wörterbuch füllt sich nach und nach. Langsam muss ich Vokabeln pauken, damit es sich lohnt und mein Freund Imran auch merkt, dass ich die Worte ernst nehme als Gegenwert für die verlorenen Abende, die wir sonst hätten miteinander verbringen können. Es sind schon fast zwei Seiten in meinem Notizbuch. Inzwischen werden die Begriffe, die ich aufgetragen bekomme, auch nützlicher. Weniger höflich, dreckiger auch, ehrlicher für echte Gespräche. »*üzgün*« – »traurig«, das war das Wort vor drei Tagen. »*yorgunum*« – »ich bin müde«, am Tag darauf. Ich bin auch müde, müde vor Vermissen der Freundschaften, die sich auch wirklich leben lassen, müde vor Unbeweglichkeit, mir fehlt das mich Hinbewegen zu oder für jemanden.

Wörterbuch

- "bilmis" = Klugscheisser
- "azacn" = Freiheit
  "özgürlük"

- "Kara sevda" = schwarze Liebe (wörtlich)
  → unabwendbare Liebe
- "cezaevi" = Gefängnis
- "evde Kalmak" = zuhause bleiben
- "hayat" = das Leben
- "umut" = Hoffnung
- "ot" = Gras
- "kitap" = Buch
- "günlük" = Tagebuch
- "sikildim = ich bin gelangweilt
  sikildim = ich werde gefickt
- "enfes" = schön
- "top" = Ball   oder: pejorativ "schwul"
- "ödlek" = Schisser, Feigling

Freitag, 17. April 2020

Zu dem, was ausfallen musste wegen Covid-19, gehörte ein Abend im März auf dem Literaturfestival der »Lit Cologne«, auf den ich mich besonders gefreut hatte. Igor Levit, der Schauspieler Jerry Hoffmann und ich wollten zusammen einen Autor feiern, den wir alle drei verehren: James Baldwin. Es sollte ein dichtes Programm aus Musik, Lektüre und Einführung in das Werk werden. Die Text-Auszüge waren bereits ausgewählt, die Abfolge von Musik und Text besprochen. Und dann musste alles abgesagt werden. Ich hoffe sehr, dass wir den Abend irgendwann nachholen können, dass wir uns und anderen dieses Geschenk machen dürfen. Die »Lit Cologne« gehört zu den schönsten Festivals, die ich kenne, und ich kann mir einen Frühling ohne einen Abend bei der »Lit« nicht vorstellen, ohne die Begegnung mit den Menschen dort, ohne diese Programme, bei denen man auch etwas riskieren darf, bei denen etwas misslingen darf und selbst darin berührt, diese langen Abende, an denen schon viele Freundschaften entstanden sind. Ich hoffe, das Festival wird als das erkannt, was es schon lange war: unverzichtbar, »systemrelevant« wie das neudeutsch wohl heißt, und es wird so unterstützt, dass wir uns dort alle wiedersehen, eines Tages.

Für dieses Wochenende möchte ich deswegen einen Roman von James Baldwin empfehlen, der gerade erst auf Deutsch erschienen ist, in der Übersetzung von Miriam Mandelkow, und aus dem wir an dem Abend im März gelesen hätten: »Giovannis Zimmer« er handelt auch vom Eingeschlossensein, allerdings in anderer Hinsicht, dem Eingeschlossensein in der eigenen Scham und Konvention, und den Ausbrüchen und der Freiheit der Lust und des Begehrens. Es ist ein wahnwitzig eleganter Roman, dicht, verstörend, beglückend, und Ihr Buchladen in der Nähe wird es sicherlich zuschicken können. Vielleicht bestellen Sie gleich die anderen verfügbaren Bücher dazu. Wenn schon, denn schon. Passen Sie aufeinander auf und bleiben Sie zu Haus.

Montag, 20. April 2020

>*Dem entspricht, dass alles Trachten nach Allmächtigkeit,
ganz abgesehen von der Frage der Hybris, immer danach
trachten muss, Pluralität als solche zu vernichten.*«

Hannah Arendt, Vita Activa

Was für eine angenehme Ruhe das ist ohne rechtsradikales Spektakel. Das ist wirklich das Erfreulichste an diesen Wochen. Die Konzentration, mit der sich öffentlich auseinandersetzen und ernsthaft debattieren lässt ohne die Zeitverschwendung der rhetorischen Manöver, die nur unterbrechen und zerstören wollen. Was für eine Erholung, sich über das politische Spektrum hinweg mit einer *realen* Gefahr befassen zu müssen, die unsere sozialen, politischen, kulturellen Praktiken und Überzeugungen bedroht – und nicht mit einer antidemokratischen, rassistischen Phantasie.

Sie könnten einem fast leid tun, die rechten Fanatiker, die mit dem Sprachbild der Gesellschaft als »Körper« operieren und deren programmatisches Material vornehmlich aus Projektionen von »Reinheit« besteht. Wenn eine Gesellschaft als Körper gedacht wird, so das ideologische Kalkül, dann folgen daraus auch die erwünschten xenophoben Assoziationen: ein Körper ist fest und abgeschlossen (nicht offen und frei). Ein Körper ist begrenzt durch die Haut (nicht durchlässig). Ein Körper ist auch verletzlich und anfällig für Krankheiten. Ein solcher Körper muss geschützt werden vor dem, was vergiften, schädigen, schwächen kann.

Kulturelle oder religiöse Vielfalt wird in diesem Raster der Wahrnehmung als Bedrohung des homogenen, gesunden Volks-Körpers imaginiert. Jede Andersartigkeit wird nicht einfach als anders, sondern als verunreinigend definiert. Jede Abweichung von einer Norm gilt nicht einfach als abweichend, sondern als krank und ansteckend.

Das war schon immer eine erstaunlich hypochondrische Identität, die sich da offenbarte. Wie instabil muss die eigene kulturelle oder religiöse Überzeugung bloß sein, wenn sie schon durch die Begegnung mit einer anderen so erschüttert werden kann? Wie geschwächt ist wohl der eigene Glaube, das eigene »kulturelle Immunsystem«, wenn schon der Anblick einer Kippa oder eines Kopftuchs auf der Straße oder die Erwähnung von Homosexualität in Schulbüchern Panik auslöst. Als ob es eine Art Tröpfchen-Übertragung gäbe, durch die sich ein anderer Glaube, eine andere Körperlichkeit, eine andere Lust quasi epidemisch ausbreiten könnte.

Für eine nationalistische Bewegung, die stets behauptet, besonders stolz auf die eigene Geschichte und Tradition zu sein, war das schon immer bemerkenswert schwächlich. Ich könnte mit 50 Schalke Fans für sehr lange Zeit auf eine Insel gesperrt werden. Und ich wäre wirklich nicht im Geringsten besorgt, dass sie mich anstecken könnten. Ich habe allerdings auch keine Angst, durch Anblick von Anderen plötzlich hetero zu werden oder katholisch. Nicht, weil es schlechter wäre, sondern weil es so nicht funktioniert. Aber mit exakt dieser Vorstellung von Ansteckung durch Andersartigkeit arbeiten neo-völkische, homo- und transfeindliche Ideologien, ohne zu bemerken, wie instabil sie sich dabei selbst portraitieren.

Und nun taucht im Leben dieser ängstlichen Rechten, die sich jahrzehntelang die rassistische »Kontamination« des Volkes herbeiphantasiert haben, auf einmal eine *reale* Bedrohung, eine *echte* Epidemie auf – und was ist? Sie ziehen blank. Mit der Wirklichkeit haben sie nicht gerechnet. Eine Gefahr, die nicht selbst erfunden ist, eine Bedrohung, die nicht durch die eigenen Ressentiments genährt wird, ist unerwünscht. Das überfordert nur. Eine globale Epidemie, die alle Körper angreift, die nicht-weißen wie die weißen, die sich nicht schert um Religiosität oder Sexualität, eine Epidemie, die potentiell alle übertragen und die jeden infizieren kann, eine globale Krise, die nur durch geteiltes Wissen und wechselseitige Fürsorge überwunden werden kann – dafür sind sie … nun ja … nicht prädestiniert.

Weil sie das vermutlich selbst wissen, aber gleichzeitig auch nicht wissen, was sie mit sich anfangen sollen, hatten die Reste der Pegida-Bewegung für den heutigen 20. April, dem »Führergeburtstag«, eine Demonstration in Dresden angemeldet. Nun wären einem vielleicht Gründe abrufbar

gewesen, warum inmitten einer epidemischen Ausnahmesituation, in der jedes Konzert und jede Lesung verboten
ist, auch eine Demonstration an Hitlers Geburtstag hätte
untersagt werden können – aber gut. Die Versammlungs-
freiheit ist ein elementares Recht. Selbst für Hypochonder.
Und so wurde der Auftritt dann unter strengen Auflagen ge-
nehmigt: die Teilnehmer-Zahl wurde erst auf 50, und dann
auf 15 begrenzt. Ausgeschrieben fünfzehn. Das klang zu absurd, um wahr zu sein, also bin ich nachmittags, gemeinsam
mit dem Freund und Photographen Sebastian Bolesch nach
Dresden gefahren.

Ich gebe zu: nach wochenlangem Lockdown in der eigenen Wohnung hätte mich wirklich jeder Ausflug aufgehei-
tert. Selbst ein Helene-Fischer-Konzert oder eine Thermo-
mix-Schulung wären mir in diesem weichgespülten Zustand
willkommen gewesen. Aber das Häuflein Pegida-Demons-
trant*innen, umringt von einem Kordon aus sächsischer
Polizei mit Mundschutz, das toppte einfach alles. Das war
die ganze Reise wert. Dafür würde ich mich nochmal ein
paar Wochen einschließen lassen. Das war das Lustigste seit
sehr sehr langem. Auch die Ansprachen, die »den Mut« der
halb-vermummten (!) Demonstrant*innen lobten, hier »Gesicht zu zeigen«, werden in die Chronik der unfreiwilligen
Komik eingehen. Zwei Handvoll Personen sind enttäuscht,
durch die Auflagen zum Publikum degradiert und nicht in
der Mitte, in der umzäunten Zone der genehmigten 15, zugelassen zu sein. Das kann ich sogar verstehen. Sie versuchen, ab und an mal zu klatschen, was bei ihrer geringen
Zahl und auf dem doch sehr leeren Platz vor der Frauen-

kirche auffällig rasch verhallt. »Wir sind zurück« steht auf einem der Schilder. Nun ja. »Wir sind winzig« wäre passender gewesen, aber das brauchte niemand auf ein Schild zu schreiben.

*

Dienstag, 21. April 2020

»*Archive handeln vom Verschwinden; die Angst vor Verlust
suchen sie durch Anhäufung von Gedächtnis zu evozieren.*«

Wolfgang Ernst, Das Rumoren der Archive

Kein Tag vergeht in dieser Krise, an dem wir uns nicht fragen, was verschwinden wird, was wir verlieren werden, kein Tag, an dem uns die Angst nicht zermürbt, ob wir werden retten können, was uns als Individuen oder als Gesellschaft ausmacht. Kein Tag, an dem wir nicht rebellieren gegen die Beschränkungen, die uns nicht nur einschließen, sondern die uns vorenthalten, was sonst Stoff zum Denken sein könnte. Zu den Orten, die uns im Moment verschlossen sind, gehören Ausstellungshäuser und Museen. In ihren Sammlungen strukturieren und verdichten sie vergangene Erfahrungen, sie rekonstruieren frühere Gewaltformen so wie die Mythen, in denen sie heroisiert oder bagatellisiert werden sollten. In den Museen ist nicht einfach unser kulturelles Gedächtnis bewahrt, sondern es ist erst ausgewählt, gedeutet, kanonisiert. In ihnen können wir das eigene historische Erbe nicht nur entdecken, sondern vor allem kritisch befragen.

Zu den Häusern, die seit Wochen nicht öffnen können, gehört das Deutsche Historische Museum, das immer wieder Ausstellungen entwickelt, die zu eben dieser Reflektion als sozialer Praxis einladen. Weil ich den Präsidenten der Stiftung, Raphael Gross, kenne, habe ich gefragt, ob ich ihn in dieser Ausnahmesituation besuchen darf. Er hat sofort zugestimmt und angeboten, mich durch die aktuelle Ausstellung zu Hannah Arendt zu führen. Wir haben uns für diesen Vormittag verabredet. Ein einsamer Wärter steht an der Drehtür zum lichtdurchfluteten Anbau des Museums und freut sich, dass es etwas zu tun gibt. Der Eingangsbereich, an dem sich sonst Schlangen vor der Kasse bilden, ist menschenleer. Die Rolltreppen ins Untergeschoss stehen still und ohne die üblichen Besuchermassen, die einen sonst ablenken oder vorwärts schieben, lässt sich die grandiose Konstruktion des chinesisch-amerikanischen Architekten I. M. Pei mit all ihren wechselnden Sichtachsen in Ruhe genießen. Selbst die im Fußboden eingelassenen Markierungen für blinde Besucher, die ich zuvor noch nie beachtet hatte, fallen mir nun auf.

Die Dauerausstellung zur deutschen Geschichte vom Mittelalter bis zum Mauerfall, die sich im barocken Zeughaus-Gebäude befindet, verzeichnete allein im Jahr 2019 rund 860 000 Besucher. Und jetzt? Ob Raphael Gross bei der Frage schmunzelt, lässt sich nicht erkennen. Er trägt Mundschutz und hat sich zudem einen Handschuh übergezogen, mit dem er den Katalog der Ausstellung übergibt, die nun nicmand sehen kann: »Hannah Arendt und das 20. Jahrhundert.«

Die Ausstellung ist nicht nur geschlossen. Das wäre schon arg. Aber: sie wurde nicht einmal eröffnet. »Für alle, die daran gearbeitet haben, ist es natürlich fürchterlich,« sagt er nur und dann beginnt Gross eine persönliche Führung durch die Ausstellung, die so beglückend wie traurig ist, weil man spürt, wie sehr sie ihm am Herzen liegt. Bei jeder Vitrine, jedem Objekt bleibt Gross stehen und erzählt über die Figur der großen Philosophin wie über die Konflikte des 20. Jahrhunderts, die sie in ihren Texten verhandelte:

totale Herrschaft, das ambivalente Wechselspiel von Emanzipation und Antisemitismus, die Lage der Flüchtlinge, den Eichmann-Prozess, aber auch die Fragen von Wiedergutmachung und Restitution. Gross nimmt sich wirklich Zeit für jedes Detail und kontextualisiert es in einer Geschichte: ob es die deutsche Erstausgabe von Arendts Buch über Rahel Varnhagen aus dem Jahr 1959 ist, bei der Gross erzählt, wie der Untertitel abgeändert wurde, damit auf gar keinen Fall das Wort »Jüdin« auf dem Cover zu lesen wäre (so wurde aus »The Life of a Jewess«, dann »Eine Lebensgeschichte«) oder die winzige Kamera, mit der Hannah Arendt selbst ihre Freunde portraitierte (darunter eine Serie von Aufnahmen von Martin Heidegger, die sich wie eine regelrechte Photo-Session ausnimmt).

Wir spazieren von Raum zu Raum bis zum Modell des Krematoriums II von Auschwitz-Birkenau des polnischen Bildhauers Mieczslaw Stobierski, das normalerweise als Teil der Dauerausstellung im Zeughaus zu sehen ist, das hier aber als magnetisches Kraftfeld ins Zentrum der Ausstellung gesetzt wurde. Vor diesem Modell lässt sich nicht ungerührt still stehen. Es bedrängt einen, es setzt einem zu, es zwingt einen hinein in die Monstrosität des Verbrechens in seiner ganzen widerlich-kleinteiligen Präzision. Wegschauen (oder wegklicken) lässt sich nicht. Also gehen wir um das Werk herum, näher heran auch an die über 3000 Gips-Figuren, an die Wachleute mit ihren Schäferhunden oder die Menschen, die ins Untergeschoss der Anlage gedrängt werden.

Und in dem Moment durchfährt es mich, noch schmerzlicher als all die eingeschlossenen Tage zuvor. Das ist es, was unverzichtbar ist, das ist es, was sich nicht ersetzen lässt, das ist es, warum es Kultur braucht wie Brot: das miteinander Denken in einem Raum, vor einem Bild oder einer Skulptur oder einer Bühne, das genaue Hinhören oder Hinschauen, nicht allein, sondern mit anderen zusammen, das Teilen und Mitteilen eines ästhetischen Eindrucks, einer musikalischen Erfahrung, die Auseinandersetzung über einen poetischen oder essayistischen Text, sich davon erschüttern, verstören, trösten zu lassen – das ist es, was es braucht. Übrigens auch: sich nicht ganz so leicht entziehen zu können, wenn andere um einen herum sind, sich einem Eindruck doch geduldiger, schonungsloser aussetzen zu müssen, in einem öffentlichen Raum, nicht sofort ausschalten zu können, wenn ein musikalisches Werk einen überfordert oder ein Kunstwerk bedrängt und verstört, sondern das, was es auslöst, auch auszuhalten und zu fragen, was genau es eigentlich ist, das irritiert oder berührt. Dafür braucht es eine Begegnung im Raum, in einer Galerie, in einem Konzert-Saal, im Theater, dafür braucht es andere Menschen neben einem, mit einem, ein Publikum.

Da kann noch so viel fabuliert werden von der beschleunigten Digitalisierung, von all den Vorzügen der virtuellen Pädagogik, von der dringend aufzuholenden Kultur 4.0., all dieser »Krise als Chance«-Pep-Talk – wenn wir doch vor allem spüren, wie sehr wir abhängig davon sind, soziale, kulturelle, religiöse Erfahrungen auch miteinander teilen zu können. Natürlich gibt es großartige digitale Formate, natürlich produzieren unzählige Institutionen exzellente Angebote an künstlerischer Bildung auf ihren online-Plattformen. Natürlich gibt es phantastische 3-D-Installationen, die mir auch unterschiedliche Perspektiven auf Objekte oder Bewegung im virtuellen Raum ermöglichen Auch das Deutsche Historische Museum hat mit dem »Lebendigen Museum Online« (LEMO) für Schulklassen ein vielgenutztes digitales Programm. »Aber man muss sich nichts vormachen,« sagt Gross, »bei all dem, was der Digitalisierungsschub auch hilft – das sind doch Krücken. Es ersetzt nicht die Erfahrung, wie ich ein Objekt in einem Raum wahrnehmen kann.«

Ich will nicht, dass zu schnell geöffnet wird. Ich würde lieber länger durchhalten und dafür aber als Gemeinschaft beschützter aus dieser Krise hervorgehen. Meine geliebte Großmutter pflegte beim Brotschneiden zu mahnen: »Sägen! Nicht drücken.« Danach ist mir auch im Moment: lieber sägen als drücken. Ich weiß nicht, wann der richtige Zeitpunkt sein wird, dass wir öffentliche Orte wieder bespielen können. Aber ich wünschte, die Öffnung von Museen und Bühnen würde als so dringlich wahrgenommen werden wie die Öffnung von Möbelhäusern und Fußballstadien.

Also gut, ein Witz kam noch per E-Mail aus New York, es ist der letzte, versprochen:

»Ein Flugzeug mit fünf Passagieren, aber nur vier Fallschirmen, stürzt ab. An Bord: Donald Trump, Boris Johnson, dem Papst, Angela Merkel und ein junger Student aus Yale. Donald Trump sagt: »Ich bin der intelligenteste Mann der USA und ich werde gebraucht, um »Make America Great Again« durchzusetzen«, schnappt sich den ersten Fallschirm und springt. Boris Johnson sagt: »Ich werde gebraucht, um die Größe und Würde des Vereinigten Königreichs wiederherzustellen«, greift sich den zweiten Fallschirm und springt. Der Papst sagt: »Die Welt braucht mich, wie sie die Heilige Katholische Kirche braucht,« nimmt den dritten Fallschirm und springt. Bleibt ein Fallschirm übrig. Angela Merkel schaut den Studenten an und sagt: »Du kannst den letzten

Fallschirm haben. Ich habe mein Leben bereits gelebt, Deins beginnt gerade.« Der Student antwortet: »Machen Sie sich keine Sorgen. Es sind noch zwei da. Der intelligenteste Mann Amerikas hat meinen Rucksack genommen.«

Mittwoch, 22. April 2020

»*Was wahr ist, streut nicht Sand in deine Augen,*
was wahr ist, bitten Schlaf und Tod dir ab.«

Ingeborg Bachmann, Was wahr ist, aus:
Anrufung des Großen Bären

Normal. Alles soll wieder normal sein. Das »Danach« soll
jetzt beginnen und direkt ins »Davor« zurückführen. Keine
Abstufungen, keine Differenzierungen, keine Variablen. Aus
der Diskussion um Kriterien für partielle Erleichterungen
ist bei manchen eine *take-back-control*-Phantasie geworden,
die verdrängen will, dass es für Einschränkungen vernünftige Gründe gab. Und diese Gründe, eben eine Virus-Er-
krankung, für die es weder Therapeutikum noch Impfstoff
gibt, sich nicht plötzlich erübrigt haben. Ich kann mir wün-
schen, dass es anders wäre, ich kann mich sehnen, jeden
Tag, jede Nacht, nach einem Ende dieses klaustrophobi-
schen, unfreien Zustands. Aber das streut nur Sand in die
Augen und ändert nichts, an dem was wahr ist: es gibt immer noch keinen Impfstoff. Und damit keinen Schutz. Das
Reservoir an Nicht-Wissen, an Nicht-Verstehen, an Unsi-

cherheit ist nicht erschöpft. Jeder Tag mit dem Virus, jeder Tag mit unserem veränderten sozialen Verhalten generiert der Forschung mehr Material, das analysiert werden kann, generiert den politischen Akteuren mehr Informationen, mit denen Fehleinschätzungen korrigiert werden können. Aber das lässt sich nicht in Stunden oder Tagen erwarten, sondern in Wochen, Monaten, vielleicht Jahren.

»Was wahr ist, so entsunken, so verwaschen
in Keim und Blatt, im faulen Zungenbett
ein Jahr noch und noch ein Jahr und alle Jahre –
was wahr ist, schafft nicht Zeit, es macht sie wett.«

Das heißt nicht, dass sich alle Einschränkungen gleichermaßen in ihrer Sinnhaftigkeit oder Legitimität erschließen. Gab es schon Urteile, die revidiert werden mussten? Ja. Gab es schon Kriterien, die erst angelegt und dann wieder verworfen wurden? Ja, auch das. Das ist nicht unbedingt Zeichen von Willkür oder Verschwörung, wie mitunter suggeriert wird, sondern womöglich von sukzessivem Erkenntnisgewinn. Wir nennen das üblicherweise Lernen. Die Alternative scheint mir doch beunruhigender: wenn keine Irrtümer entdeckt würden, wäre nichts hinzugewonnen, nichts neu verstanden – und nichts korrigiert worden. Das entbindet niemanden von der Kritik. Das entlässt uns nicht aus der Pflicht, jede Anordnung, die uns Rechte und Freiheiten nimmt, die uns unserer ökonomischen oder sozialen Existenz beraubt, zu prüfen und zu widersprechen, wo es geboten ist.

»Du haftest in der Welt, beschwert von Ketten,
doch treibt, was wahr ist, Sprünge in die Wand.«

Mir macht allerdings mittlerweile die voreilige Zuversicht mehr Angst als die düstere Warnung. Wenn es Grund gab, zuversichtlich zu sein, in der vergangenen Woche, dann doch vornehmlich, weil die Strategie der Verlangsamung zu funktionieren schien. Nicht, weil es keine Verlangsamung mehr bräuchte.

Vielleicht liegt es daran, dass ich seit einigen Abenden die Mini-Serie »Chernobyl« schaue, über die Reaktor-Katastrophe vom 26. April 1986. Oder eher: über die furchtbaren Versehrungen, die sich ergeben, wenn in einer Gesellschaft nicht nüchtern gedacht, nicht kritisch gezweifelt, nicht wahrhaftig gesprochen werden darf. Es ist eine schwer zu ertragende Serie, die niemanden schont vor den Bildzumutungen zerfetzter, zerfallender Körper, aber sie ist zugleich so brillant in der Analyse der Pathologie einer Gesellschaft, die Schwächen und Fehler nur leugnen und bestrafen – und deswegen nicht beheben kann.

»Der Wahrheit aber«, so heißt es in Folge 5 von »Chernobyl«, »ist es egal, was wir wollen oder brauchen.« Es gibt auch die Theorie von der »funktionalen Dummheit«, die von den Forschern Mats Alvesson von der Universität Lund und Andre Spicer von der City University in London entwickelt wurde. Die beiden entdeckten, dass Organisationen oft kluge und begabte Leute einstellen, aber dann Entscheidungsabläufe und Atmosphären kreieren, die sie entmutigen, Bedenken oder Vorschläge zu äußern. Stattdessen wird jeder nur aufgefordert, positive Deutungen von Ereignissen zu liefern – was zu einer sich selbst verstärkenden Dummheit führt.

In den verseuchten Wäldern im Sperrgebiet rund um Reaktorblock 4 von Tschernobyl brennt es übrigens seit Wochen. Dabei entweichen radioaktive Substanzen, die sich mit aufsteigendem Rauch über weite Distanzen verbreiten können. Immer wieder flammen Brandherde auf, immer wieder beruhigen die lokalen Behörden, es sei alles unter Kontrolle. In einem Artikel auf Zeit Online (https://www.zeit.de/wissen/umwelt/2020-04/braende-tschernobyl-atomkraftwerk-radioaktive-asche) war gerade zu lesen, dass das Deutsche Bundesamt für Strahlenschutz entwarnt: eine Gefährdung der Gesundheit und Umwelt in Deutschland sei nicht zu befürchten. Das klingt gut. Aber ich verfolge die Meldungen über die Brände trotzdem mal weiter.

Donnerstag, 23. April 2020

»alles schmerzt sich einmal durch / bis auf den eigenen
grund und die angst vergeht.«

Jan Skacel, aus: Wundklee

Heute war mir nicht nach Schreiben. Heute war mir nicht
nach dieser Gegenwärtigkeit des Virus, die alles andere zu
verschlucken droht. Heute war mir nach keinem sich lau-
fend aktualisierenden Meldungsticker, nach keiner Sonder-
sendung, nicht nach dem Ergebnis der Verhandlungen des
Koalitions-Ausschusses, nicht nach der Regierungserklärung
der Bundeskanzlerin, nicht nach den Berichten über die
Ausbreitung des Virus in den Wohnvierteln der Gastarbei-
ter*innen in Singapur, nicht nach den Videos von Toten in
Ecuador, die in bloßen Tüchern eingehüllt auf der Straße
oder Hauseingängen liegen und für die es keine Särge gibt,
nicht nach der nun doch verspäteten Bewegung der nörd-
lichen Staaten in der EU. Heute war mir nicht nach dringlicher Not.

Als meine Freundin nach Deutschland kam, konnte sie es nicht fassen, dass in diesem Land im Radio, jeden Tag, nach den Nachrichten im Deutschlandfunk in aller Ausführlichkeit die Staumeldungen vorgelesen werden. Wochentags 37-mal, an Samstagen 27-, an Sonntagen 26-mal sendete der DLF Verkehrshinweise. Sie war absolut fasziniert, jedes Mal wieder, wie da jede Sperrung, jedes noch so absurde Hindernis, jede entlaufene Kuh, jede irgendwie begründete Verlangsamung im Straßenverkehr vermeldet wurde. Auf meine Freundin wirkte das wie Baldrian, sie konnte sich nicht genug erfreuen daran, was für ein beruhigendes Symptom das war. Eine Gesellschaft, in der ein abgerissener Auspuffrost oder eine Entenfamilie auf der Fahrbahn zwischen Alsfeld-West und Homberg (Ohm) eine Meldung in den Nachrichten wert ist, eine solche Gesellschaft erschien ihr spektakulär sorgenfrei.

Die Staumeldungen im Deutschlandfunk wurden ausgerechnet dieses Jahr eingestellt. Und ich muss zugeben, in diesen Tagen täten sie auch mir gut. Ich würde sie auch vorlesen, wenn es dafür eine Freiwillige bräuchte.

Freitag, 24. April 2020

Freitage fühlen sich inzwischen auch nicht anders an als Dienstage. Es bleibt alles gespenstisch konturlos. Die letzten Tage war ich derart genervt von der Formlosigkeit dieser Situation, dass ich mir freiwillig ein ordentliches Hemd angezogen habe fürs Schreiben. Wenn das noch lange dauert, hole ich am Ende noch das kurze Schwarze aus dem Schrank. Na gut, dafür müsste es dann doch noch sehr lange dauern. Aber trotzdem braucht es irgendein Programm fürs Wochenende, das sich nach etwas Unterbrechung, nach Ausnahme von der Ausnahme, anfühlen könnte. Deswegen empfehle ich jetzt mal etwas weniger Naheliegendes. Zumindest für mich. Die Berliner Techno-Band, »Komfortrauschen«, die mich schon durch ihren Namen für sich eingenommen hat. Als Komfortrauschen, vielleicht sollte man das erklären, bezeichnet man ein künstlich erzeugtes Rauschen, das bei der digitalen Übertragung von Gesprächen eingesetzt wird. Damit Sprechpausen nicht als Abbruch der Verbindung missverstanden werden können, wird die sonst verunsichernde Stille mit einem (Komfort-) Rauschen belegt. Und auch wenn ich keine passionierte Techno-Hörerin bin, bin ich trotzdem sehr begeistert von diesem Trio, die handgemachten Techno produziert. Ich habe das neulich erst entdeckt, und seitdem träume ich von einem live-Konzert von Komfortrauschen, sobald der Ausnahmezustand vorbei ist. (https://www.youtube.com/watch?time_continue =26&v=ZLHCpCNptvc&feature=emb_logo).

Ansonsten: Passen Sie auf sich auf und bleiben Sie zu Haus.

Montag, 27. April 2020

»*It was a bit crowded*«

Lady Diana, Interview für BBC-Panorama 20. November 1995

Nun hab ich ihn doch weggeräumt, den Koffer, der seit Wochen hier herumstand und mich an den Urlaub erinnerte, in den ich nicht fahren konnte. Ich hatte mich besonders gefreut. Mehr als sonst. Es hatte eine Auszeit sein sollen, in der sich feiern lässt, was Schweres hinter einem liegt. Das sollte nun nicht sein. Erst wusste ich nicht, wohin mit meiner abgewürgten Vorfreude. Erst ließ ich noch die Anziehsachen darin, die Bücher und den Tee. Eine Weile bin ich um den Koffer herumgeschlichen. Er blieb da als eine Art demonstrativer Widerspruch gegen das enteignete Leben. Ich wollte nicht so tun als sei da nichts anderes gewesen, nichts ebenfalls Schmerzliches oder Frohes, das auch Raum gebraucht hätte. Die Pandemie mochte einfallen in unsere Gegenwart und alles überformen, alle anderen Nöte oder Sehnsüchte trumpfen, alles andere ausstechen mit ihrer höherwertigen Dringlichkeit. Aber ich wollte nicht so tun, als habe es nichts gegeben, das unterbrochen, verschoben, verhindert wurde.

Mir fiel das legendäre BBC-Interview von Lady Diana mit Martin Bashir wieder ein, in dem sie über ihre Ehe mit Prince Charles sprach und dessen Affäre mit Camilla: »*There were three of us in this marriage,*« »es gab drei Personen in dieser Ehe«, und dann dieser trocken-geniale Nachsatz: »*It was a bit crowded*«, »es war ein wenig überfüllt«. Treffer, versenkt.

Das lässt sich für den Corona-Ausnahmezustand auch sagen: Es ist ein wenig überfüllt alles. Die Krise greift ein in unsere normalen, schwierigen, glücklichen, widersprüchlichen Leben und nimmt keine Rücksicht, ob jemand ein behindertes Kind zu betreuen hat oder die Schuldenberge der Familie abtragen muss, ob jemand gerade aus einer Festanstellung raus in die Selbstständigkeit gehen wollte oder eine Hochzeitsfeier mit vielen Gästen geplant war. Die Einschränkungen und die daraus resultierenden Verluste scheren sich nicht darum, ob jemand gerade einen krebskranken Bruder zu begleiten oder eine aufregende Affäre in einer fernen Stadt begonnen hat, ob ein neugeborenes Kind in der Welt zu begrüßen oder eine schmerzliche Trennung zu verarbeiten ist, was immer uns für Aufgaben oder Feste bevorstanden, welches Glück oder welche Last unsere Leben gerade ausmachte, für jeden von uns sattelt der Ausnahmezustand zusätzlich auf.

»*It's a bit crowded.*«

Wir können die Beschränkungen kritisieren, können betrauern, was uns genommen wird in dieser Zeit, wir können uns verkriechen in uns selbst oder uns überhöhen in dissidenter Pose, aber es ändert nichts an dem, was wir balancieren müssen. Für uns selbst oder für andere. Vielleicht sind es diejenigen, die ohnehin geübt darin sind, das Unverfügbare zu denken, weil sie mit einer Krankheit oder Behinderung leben müssen, weil sie gläubig oder fromm sind, weil sie Krieg und Vertreibung überlebt haben oder eine Naturkatastrophe, die alles vernichtet hat, was einmal ihrs war, vielleicht sind die, die wissen, dass das Leben nicht in unserer Hand liegt, vielleicht sind sie es, die am ruhigsten durch diese Krise kommen.

Anfangs habe ich von Tag zu Tag, von Woche zu Woche gedacht, und auf andere Nachrichten oder andere Aussichten gehofft. Aber die Sehnsucht brauchte einen anderen Takt, um nicht zu quälen. Die Ungeduld war nicht nur unsinnig, sondern auch nicht hilfreich. Wenn es einen Impfstoff frühestens in einem Jahr geben wird, dann ist die permanent hechelnde Normalitäts-Erwartung nur autodestruktive Illusion. Ich habe mich jetzt auf mindestens ein Jahr Ausnahme-Zustand eingestellt. Bis Sommer 2021 wird es nicht mehr das sein, was es einmal gab und uns vertraut war. Vielleicht wird es nie mehr das sein, was es einmal gab und uns vertraut war. Vermutlich wird es zwischendurch Lockerungen und deshalb auch Rückschläge und noch massivere Einschränkungen geben. Es wird bitter, aber ich kann besser vom Ende her denken, anstatt mich Tag für Tag, Woche für Woche zu belügen.

Nun habe ich den Koffer weggeräumt. Ich hadere nicht mehr. Die letzten Wochen des Schreibens an diesem Journal haben für mich etwas wieder zurückerobert, was aus persönlichen und politischen Gründen verloren schien: Autonomie. Eine paradoxale Erfahrung: im Moment des Eingeschlossenseins, der massiven Beschränkungen durch das Schreiben an diesem Tagebuch, Woche für Woche, eine besondere Form subjektiver Freiheit zu entdecken. Mein Eindruck ist, dass manche die Krise ähnlich ambivalent erleben, dass sie gleichzeitig absolut angsteinflößend und bedrohlich ist, aber auch in anderer Hinsicht als bestätigend erlebt wird. In einer Situation, in der vereinzelter Stillstand angeordnet ist, entsteht vielfach zugleich ein kollektives Nachdenken über die Bedingungen des Sozialen. Das ist auch sehr beeindruckend.

Ein langer Urlaub wäre natürlich trotzdem schön. Oder die Meisterschaft für den BVB. Aber gut.

Dienstag, 28. April 2020

»*Als wäre die Schuld einer unausgesprochenen (…)
Anziehungskraft unterworfen, die sie immer auf die Seite
derer neigen lässt, der das zugefügt wurde, statt auf die Seite
dessen, der zugeschlagen hat.*«

Virginie Despentes, King Kong Theorie

Die Angst sammelt sich hinter der Atemmaske. Erst über
den Lippen, dann an der Nase. Unbemerkt. Dann am Kinn.
Nach und nach wird es feucht. Wieviel Angst mir das ent-
grenzte Geschrei macht, begreife ich erst, als es vorbei ist,
als der Beschuldigte aus dem Saal herausgeführt wird, als
mit ihm diese wütende, brüllende, verzweifelte Energie aus
dem Raum verschwindet, als es endlich still ist. Erst da fällt
mir der Schweiß auf. Erst da traue ich mich, ihn weg zu
wischen. Erst da kann ich die zur Faust verkrampften Finger
wieder lösen.

Mir hat dieser Mensch nie etwas getan, mich nicht verletzt
oder gequält, ich kenne ihn nicht. Es ist ein Mann, über
dessen Unterbringung im Krankenhaus des Maßregelvoll-

zugs entschieden werden soll und der hier sitzt und brüllt. Dass er allen vergeben habe. Dass er immer nur jedem etwas Gutes habe tun wollen. Dass der Richter sich entschuldigen solle. Bei ihm. Dass sie sich alle schämen sollten. Dass dieses Theater aufhören müsse. Dass er alles erklärt habe. Dass sie immer nur nach dem Bösen suchten. Nach der Schuld. Er schreit und schreit, jedes Wort der Beruhigung, das an ihn gerichtet wird, löst nur den nächsten Ausbruch aus. Das Gericht lässt ihm Zeit, sich zu fangen, aber er will oder kann sich nicht fangen. Ich sitze einige Meter entfernt von dem Glaskasten, in dem er zusammen mit seinem Zorn eingeschlossen ist. Seine Faust-Schläge treffen den Tisch vor ihm. Niemanden sonst. Aber selbst mit dieser Distanz, selbst mit diesem Schutz dringt das Geschrei mir unter die Haut.

Dem, der da brüllt, wird versuchter Totschlag vorgeworfen. Er soll im Zustand der Schuldunfähigkeit seine getrenntlebende Ehefrau angegriffen und lebensgefährlich verletzt haben. Das war im November letzten Jahres. Den Tathergang hat er gestanden. Ob die »Erregung« hier im Gerichtssaal sich allein aus einer länger anhaltenden psychischen Störung erklären lässt oder ob es auch mit der Isolierungs-Phase im Krankenhaus des Maßregelvollzugs zu tun hat, ist nicht so leicht zu entscheiden. Aber für das Gericht steht fest, dass er zwar zu jedem Verhandlungstermin wieder eingeladen, aber erneut ausgeschlossen wird, sobald er die Verhandlung stört.

Als der Beschuldigte aus dem Raum geführt ist, wird nicht nur klar, welche Macht es bedeutet, so etwas entscheiden zu können, sondern vor allem, welche Ohnmacht es bedeutet, so etwas *nicht* entscheiden zu können. Wie angsteinflößend und bedrohlich es ist, in einem Raum eingeschlossen zu sein mit jemandem, der sich nicht kontrollieren will oder kann, den womöglich keine Glasscheibe trennt, der mit seinen Schlägen nicht nur einen Tisch, sondern seine Frau malträtiert – und sich dazu berechtigt meint.

Seit die Kontakt- und Ausgehbeschränkungen angeordnet wurden, fürchten Hilfseinrichtungen und Expert*innen von Familien-Ministerin Giffey bis hin zum Bund Deutscher Kriminalbeamter eine Zunahme häuslicher Gewalt. Schon in normalen Zeiten zögern Frauen, sich an andere zu wenden, dauert es, bis sie sich trauen, ihre Peiniger auch anzuzeigen. Im Ausnahmezustand, in dem sie kaum aus dem Haus können und auch die soziale Kontrolle am Arbeitsplatz entfällt, dürfte es noch schwerer fallen. Wie viele Frauen (oder Kinder) in dieser Ausnahmesituation der Gewalt in der eigenen Wohnung ausgesetzt sind, ist noch nicht abzusehen. Wie viele von ihnen sich Hilfe suchen, suchen können, auch nicht.

»Nach den Zahlen des Bundeskriminalamts werden jedes Jahr in Deutschland mehr als 100 000 Frauen Opfer sogenannter Partnerschaftsgewalt. Circa 15 000 Kinder und Jugendliche werden sexuell missbraucht, circa 75 Prozent sind weiblich. Nahezu 9000 Frauen werden jährlich Opfer von Vergewaltigungen, sexueller Nötigung und sexuellen Übergriffen, mehr als 400 Frauen Opfer von Menschenhandel und Zwangsprostitution,« so beginnt das Buch der Strafverteidigerin Christina Clemm, »Akteneinsicht. Geschichten von Frauen und Gewalt«, in dem sie das, was immer noch gern geleugnet wird, in einer solchen Dichte und Präzision beschreibt, dass es niemand mehr vergisst. Das abstrakte Wissen um häusliche Gewalt verwandelt sich darin in Lebensgeschichten von Frauen aus allen sozialen Schichten, allen kulturellen oder religiösen Bezügen, die sich wehren gegen jene Gravitationskraft der Schuld, von der Virginie Despentes schreibt, dass sie immer auf die falsche Seite hin neige, dass sie immer die Opfer belasten und die Täter entlasten würde. In den Erzählungen in »Akteneinsicht« herrscht eine bemerkenswerte Balance zwischen der schonungslosen Beschreibung der Misshandlung, die Frauen erlitten haben und gleichzeitig der mutigen Rückeroberung ihrer Handlungs- und Sprechfähigkeit.

Weil ich Christina Clemm seit 1999 kenne (seit dem Prozess um die rechtsextreme »Hetzjagd« von Guben, bei der der algerische Asylbewerber Farid Guendoul starb), hatte ich sie angefragt, ob sie in diesen Tagen Opfer partnerschaftlicher Gewalt vertritt. Sie schlug vor, ich könne doch an diesem Verhandlungstag ins Gericht kommen und zuhören. Der Fall sei nicht aktuell. Aber wenn ich verstehen wollte, um welche Konflikte und welche Notlagen es gehen kann, wäre dies eine Gelegenheit. Weil der Fall hier nicht umfassend und genau genug beleuchtet werden kann, wird auf Namensnennungen verzichtet.

Es gibt sicherlich gute Gründe, warum Gerichtsverhandlungen in Zeiten von Covid-19 nicht ausgesetzt werden, obgleich dort recht viele Menschen zusammenkommen und miteinander recht nah interagieren. Jemand, über dessen Unterbringung im Maßregelvollzug zu befinden ist, hat sicherlich Interesse daran, dass die Entscheidung nicht auf unbestimmte Zeit aufgeschoben wird. Aber warum in dem Gebäude des Amtsgerichts an diesem Vormittag kaum jemand einen Mundschutz trägt, erschließt sich weniger. Es gibt Drehschleusen, Metalldetektoren, Röntgenkontrollen, ausnehmend freundliche und zuvorkommende Justizbeamte durchsuchen die Handtaschen – aber nur ein einziger auf dem ganzen Weg vom Haupteingang durch das Foyer und all die Flure entlang bis zum Nebengebäude trägt eine Schutzmaske. Als ob ein Gericht qua Autorität eine extraterritoriale Zone wäre, die von keiner Pandemie heimgesucht werden könnte. Auch im Verhandlungssaal B 219 gibt es kaum Masken. Vielleicht drei unter den Zuschauer*innen auf den hinteren Stuhlreihen. Und ein paar bei den Verfahrensbeteiligten vorne. Die Masken, die vorhanden sind, werden konsequent nicht getragen, sondern liegen herum auf den Tischen, zwischen Akten und Computern, wie unbeachtetes Dekor. Immerhin bleibt überall ein Platz Abstand. Das ist gut.

Für diesen Tag ist die Anhörung der Sachverständigen der Gerichtsmedizin angesetzt. Anhand ihrer Akte geht sie nun die einzelnen Verletzungen durch, die sie bei der Untersuchung des Opfers in einer Klinik wenige Tage nach dem Angriff dokumentieren konnte. In formvollendeter Professionalität, bar jedweder Emotionen, beschreibt sie die Wunden am Körper der Frau: Rötungen und Abschürfungen am Kopf- und Halsbereich, mindestens 5 Stichverletzungen an der Brustvorderseite, Wunden an beiden Armen, rechts: 7 Stichverletzungen, links: auch multiple Wunden, an den Beinen ebenfalls multiple Verletzungen, 3 Wunden am linken Bein, kleinere Einblutungen rechts, am Rücken 4 Wunden, schwere Verletzungen der Lunge … es fällt schwer, mit den Notizen hinterher zu kommen … die Sachverständige der Gerichtsmedizin erwähnt passive und aktive Abwehrverletzungen, die darauf hindeuteten, dass die Frau versucht habe, in das Messer zu greifen … die Tiefe einzelner Stichverletzungen wird auf Nachfrage mit: »zum Teil bis auf die Knochen« präzisiert. Abschließend werden insgesamt 38 Stich- und Schnittverletzungen festgestellt. Als das vorbei ist, erläutert sie noch eine Reihe von Verletzungen, die sich am Körper des Beschuldigten finden ließen: kleinere Bisswunden und etwas, was sie als »unspezifische Bagatell-Verletzungen« klassifiziert.

Um die Verletzungen des Opfers genauer analysieren zu können, soll die Sachverständige nun die Photos der Wunden aus der Lichtbild-Mappe dem Gericht erläutern. Aber es ist nicht recht klar, wie das gehen soll in Zeiten von Corona. Die Bilder sind klein, die Gutachterin muss auf Details eingehen, die Mappe kann aber auch nicht einfach herumgereicht werden. Alle sind nachdenklich und bemüht, aber am Ende findet sich nur eine Lösung, die vergleichsweise risikofreudig ist: die Sachverständige stellt sich mit der Akte vor den Richtertisch, Staatsanwaltschaft, Verteidigung, Nebenklage-Vertretung im Halbkreis drumherum. Von der Zuschauerbank sieht es so aus, als müssten sie sich entscheiden, ob sie die Photos von den Wunden erkennen oder

Abstand halten wollen. Beides gleichzeitig ist unmöglich. Maske trägt niemand.

Auf dem Weg nach Hause laufe ich an einer Apotheke auf der Turmstraße in Alt-Moabit vorbei. Im Eingang hängt ein kleines rotes Plakat. Darauf sind alle Notruf-Nummern gelistet für häusliche Gewalt.

Es ist eine Initiative der Senatsverwaltung für Justiz, Verbraucherschutz und Antidiskriminierung und der Apothekerkammer Berlin, die die Plakat-Kampagne entwickelt haben. Wenn Frauen überhaupt aus dem Haus und einer potentiellen Bedrohungssituation können, dann weil sie zum Einkaufen oder zur Apotheke gehen müssen. Ich hoffe sehr, dass es hilft: dass Menschen, die mit unkontrolliertem Zorn eingeschlossen sind, von einer Exit-Option erfahren, dass sie spüren, sie sind nicht allein, es gibt Hilfetelefone, Schutzräume, Frauenhäuser und nicht zuletzt die Justiz. Die 800 Plakate, die jetzt in den Berliner Apotheken aushängen, wurden übrigens von den Gefangenen in einem Sortier- und Montagebetrieb der JVA Heidering eingetütet und frankiert. Ich weiß nicht, ob es bis dorthin dringt, aber: ganz herzlichen Dank.

Mittwoch, 29. April 2020

»Ich forsche nicht zu Katastrophenszenarien allgemein.
Ich mache mir eher Gedanken darüber, warum sie als
Gedankenspiel, Hollywood-Vision usw. immer attraktiver
werden. Als wären wir nicht mehr in der Lage, eine positive
Zukunft zu imaginieren.«

Jutta Weber, im Gespräch mit Sibylle Berg, in:
Nerds retten die Welt

Am Leibniz-Institut für Arbeitsforschung an der TU-Dortmund hat eine Tagebuchstudie begonnen zu Corona-bedingtem Homeoffice bei Mitarbeiter*innen, für die diese Situation bislang ungewohnt ist. Dabei wollen Arbeitspsycholog*innen erforschen, wie sich die veränderte Arbeitssituation auf das Wohlbefinden und die Produktivität von Beschäftigten auswirkt. »Viele Unternehmen müssen aktuell das flächendeckende Homeoffice und mobile Arbeiten aufgrund der Corona-Pandemie testen. Die Situation erinnert quasi an ein Experiment. Wir können in dieser Phase wichtige Informationen darüber sammeln, wie gut und für wen die Umstellung funktioniert sowie welche Bedingungen helfen können, möglichen Belastungsquellen entgegenzuwirken«, erklärt Dr. Hannah Schade, Studienleiterin am Institut für Arbeitsforschung dazu (link: https://www.ifado.de/2020/04/14/corona-homeoffice/). Teilnehmer*innen werden noch gesucht, heißt es auf der Homepage des Instituts.

Das ist ganz hervorragend. Vielleicht dürfte ich anregen, dass auch die Angehörigen, die in demselben Haushalt leben und womöglich dort bislang vergnügt und ungestört schon ihrer Arbeit nachgingen, befragt werden. Wie für sie denn so die Umstellung funktioniert, dass da auf einmal neuerdings die Partner*innen ebenfalls in der Wohnung sind und mit ihrem Zoom- und Skype-Schalten in die konzentrierte Ruhe reingrätschen. #justsaying

Zu den Aufgaben des Journalismus gehört es übrigens auch zu entscheiden, worüber nicht geschrieben wird. Weil es anderes gibt, das relevanter oder erhellender wäre, weil es andere gibt, die anzuhören origineller oder nötiger wäre, weil es anderes gibt, das witziger oder bewegender wäre. Manchmal wünschte ich, die knappe Ressource medialer Aufmerksamkeit würde besonnener eingesetzt. Manchmal wünschte ich, es würde mehr abgewogen, ob jemand wirklich etwas zu sagen hat oder nur irrlichtert. Es geht nicht um Zensur unliebsamer Ansichten, sondern um die Frage, wie mit dem kostbaren Gut der Öffentlichkeit umgegangen werden sollte. Manches, was da gedruckt und gezeigt wird, dient nur der pornographischen Lust eines Teils des Medienbetriebs an der Selbstentblößung irgendeines intellektuellen Flitzers, die so erregend vermarktet wie sie gleichzeitig despektierlich bespöttelt wird. Anschließend wird mit dem Gestus der Pseudo-Aufklärung und des »Nach-Hakens« dasselbe Spektakel aus Tabubruch und Bestrafung in gegenseitig-bestätigender Wichtigtuerei aufgeführt, ein verlogenes, obszönes, endloses »*Re-enactment*«.

Donnerstag, 30. April 2020

*»Ausserdem warst du so hilflos, verloren, entschützt« (…) –
›entschützt‹ ist eine Wortschöpfung nach dem Spanischen
›desprotegido‹, ohne Schutz. Vermutlich genau das richtige
Wort.«*

Philippe Lançon, Der Fetzen –

Die verzweifelten Gespräche im Freundeskreis über verängstigte Kinder, wegbrechende Aufträge und unheimliche Albträume nehmen zu. Viele sind erschöpft und angestrengt. Sie arbeiten rund um die Uhr und entwickeln Techniken und Strategien des sozialen, künstlerischen, ökonomischen Durchhaltens. Sie sind kreativ und leidenschaftlich, sie überlegen sich andere Raumkonzepte, andere Bewegungsabläufe, andere Programme für Theater oder Konzertsäle wie für Gaststätten und Restaurants. Aber sie setzt allen zu: die Angst vor der uferlosen Krise und die psychische Disziplin, mit der man ihr beizukommen versucht. Dann sind da die, die offiziell in Kurzarbeit sind, die nicht arbeiten dürfen wie bisher, aber die hoffen müssen, dass es am Ende der Krise überhaupt noch eine Arbeit gibt, zu der sie zurückkehren können. Das Reservoir an eilig dahingesagtem Trost ist aufgebraucht. Es funktioniert ohnehin nichts Eiliges. Und auch der Trost wirkt weltfremd.

Alle sind »entschützt«, sie erzählen nicht nur von sich, sondern von ihren Familien, ihren Angestellten, ihren Nachbarn. Seit Wochen hat sich das Mit- und Hindenken vervielfacht, weil ich jetzt bei meinen Freund*innen auch von ihren älteren Geschwistern, ihren gebrechlichen Vätern oder arbeitenden Müttern erfahre. Das ist eine traurig-schöne Erweiterung. Vor dieser Krise kannte ich die weiterverzweigten Bezüge nur von jenen Freund*innen, die ich schon seit Kindheit begleite und deren Eltern oder Geschwistern ich auch begegnet bin. Bei den Menschen, die ich erst später im Leben kennengelernt habe, war das selten. In diesen Zeiten, in denen alle »entschützt« sind, erzählen wir uns auch mehr von denen, um die wir uns sorgen, die nicht mit uns leben, sondern in einer anderen Heimat, einem anderen Land, einer anders von Covid-19 heimgesuchten Gegend. Immer wieder musste ich deshalb in den vergangenen Wochen den großen Atlas hervorholen (ja, ich schlage noch im Atlas nach), und die Orte heraussuchen, an denen sich geliebte Menschen von geliebten Menschen befinden.

In Marcel Prousts »In Swanns Welt« gibt es die unausstehliche Tante des Erzählers, Madame Octave, die sich vor Jahren zunächst entschieden hatte, nicht mehr das Haus zu verlassen, dann nicht mehr aus dem Zimmer wollte und schließlich nicht mehr aus dem Bett. Da liegt sie nun und ihre Welt ist nichts als der Blick aus dem Fenster auf die

Häuser von Combray. Sie wird versorgt, mit Lindenblüten-tee, Pepsin und Tratsch von der stoischen Hausangestell-ten Françoise. Immer sonntags, nach der Messe, erhält sie in ihrem krankheitslosen Krankenlager Besuch von ihrer Freundin Eulalie, die ihr komplizenhaft von den jüngsten Entwicklungen und Verfehlungen im Ort berichtet. »Meine Tante verlangte gleichzeitig, dass man ihre Lebensweise gut-hieß, dass man sie um ihrer Leiden willen beklagte und sie dennoch völlig beruhigt in die Zukunft blicken ließ.« In der Liste der unsympathischen literarischen Figuren steht Madame Octave bei mir sehr weit vorne.

Das wäre der absolute Albtraum: wenn die Beschränkungen durch die Pandemie zu solch einer eingeschränkten Welt führten, wenn nur noch das eigene Leiden zählte und die Begegnungen mit anderen nahezu ganz versiegten. Die Ge-fahr besteht. Die Gefahr, dass wir kurzsichtig werden für die Nöte in der Ferne, dass, was als fern gilt, immer weniger fern ist, dass es nicht nur schwerer fällt, sich mit anderen Kontinenten, anderen globalen Regionen, sondern schon mit dem inner-europäischen Nachbarn, dem nächsten Bun-desland oder nur einer anderen Branche als der eigenen zu befassen. Dabei verlangt diese Krise gerade die umgekehrte Bewegung: die aus unseren lokalen, nationalen Regressionen heraus in die internationalen Bezüge, die uns verbinden und von denen wir zehren. Wir müssen raus und zu denen hin denken und handeln, die ganz anders »entschützt« sind als wir.

Heute schrieb mir mein Freund Héctor aus Medellín, Kolumbien, ihm gehe es nicht gut, mental und körperlich, kein Covid-19 hoffentlich, aber er wolle trotzdem schreiben und erzählen von seinem Land, das seit Mitte März das öffentliche Leben heruntergefahren hat. Bislang wurden 6500 Infektionen bestätigt und 300 Tote. Das sei besser als in Brasilien, Ecuador oder Mexiko. Aus Venezuela erwarte er keine verlässlichen Zahlen. Das wisse niemand. »Wir haben hier rund 2 Millionen venezolanische Flüchtlinge, die in den letzten drei Jahren über die Grenze gekommen sind«, schreibt er, »die meisten von ihnen haben nichts zu essen, keine reguläre Arbeit oder eine Krankenversicherung.« Das Elend der Geflüchteten aus Venezuela habe ich bei meiner letzten Reise nach Kolumbien vor zwei Jahren gesehen. Sie prägen die Armut in den Straßen von Medellín oder Bogota. »Aber sie sind nicht das einzige Problem,« schreibt Héctor, »an die 30 bis 40 % des kolumbianischen Arbeitsmarkts sind nicht formell. Sie arbeiten Woche für Woche oder tageweise. Seit sie nicht mehr raus können und arbeiten, sind sie völlig ausgeliefert. Es gibt staatliche und private Initiativen, die den ärmsten Nachbarschaften Essen bringen.« Wie das funktioniert, beschreibt er auch: »Viele hängen rote Fahnen vor ihre Türen, um zu signalisieren, dass sie hungern.« Damit es hier auch richtig zu verstehen ist, schiebt er nach: »Mit »Fahnen« meine ich nicht »Fahnen«, sie hängen ein rotes T-Shirt oder irgendein Stück Stoff aus dem Fenster.«

Auch über die formalen, offiziellen Arbeitsplätze und Unternehmen schreibt mein Freund. Immer mehr Firmen könnten die Gehälter nicht zahlen oder ihre Angestellten halten. Es folgten mehr und mehr Entlassungen. Vor allem aber seien die Banken ein Problem, weil sie kleinen Geschäften keine Kredite gewähren wollten, selbst wenn die Regierung zusicherte, sie zu 90 % zu decken. Banken glaubten die Zusagen nicht und verweigerten die Unterstützung. Ein Desaster sei die Krise natürlich für die Kulturszene, für Fotograf*innen, Musiker*innen, Schriftsteller*innen, Buchhandlungen, »sie alle können kaum mehr atmen.«

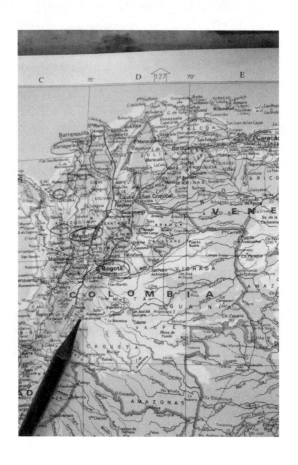

Ich weiß nicht, was von diesem Tag oder den vergangenen mich nachts im Traum einholen und verfolgen wird. Aber ich vermute, es wird etwas Rotes sein. Ein T-Shirt oder ein Stück Stoff.

Freitag, 1. Mai 2020

Es gibt Menschen, die ich nicht kenne, aber wiedererkenne, weil wir uns immer an denselben Orten begegnen: im Gemüseladen oder in der Fußballkneipe. Wir nicken uns dann zu, manchmal entsteht auch ein Gespräch, aber immer nur für die Dauer des Einkaufs oder des Spiels, das wir gerade auf der Leinwand verfolgen. Zu den Menschen, die ich nicht kenne, aber wiedererkenne, gehört ein Politiker, den ich jedes Jahr auf der Eröffnung des Berliner Theatertreffens und dann auch bei den Aufführungen Abend für Abend sehe. Er hat da keine Funktion. Er wird auch nicht gefilmt oder interviewt oder besonders beachtet. Er scheint das tatsächlich aus richtiger Theaterleidenschaft heraus wahrzunehmen. Über die Jahre hinweg haben wir uns erst nur gegrüßt, nach einer Weile dann auch mal beim Rausgehen über eine der Inszenierungen ausgetauscht. Aber das war kein Kennenlernen. Dieses Jahr nun hatten wir uns erstmals vorgenommen, dass wir uns beim Theatertreffen nicht nur sehen, sondern tatsächlich danach bei einem Glas Wein über das Theater sprechen wollten. Tja. Das Theatertreffen ist abgesagt. Allerdings gibt es einige der ausgewählten Stücke für jeweils 24 Stunden als Aufzeichnungen im Netz zu sehen. (https://www.berlinerfestspiele.de/de/

berliner-festspiele/programm/on-demand/tt-virtuell-aus wahl.html). Wir haben uns nun virtuell verabredet, mein Theaterfreund und ich, wir schauen gleichzeitig die wunderbare Sandra Hüller als »Hamlet« in einer Inszenierung von Johan Simons vom Schauspiel Bochum. 3sat zeigt die Aufzeichnung an diesem Samstagabend im Fernsehen. Ich kann mir keinen besseren Auftakt des Wochenendes denken als den. Vielleicht schauen Sie auch ein paar der anderen Stücke an, die eingeladen waren zum Theatertreffen. Es ist nicht dasselbe, natürlich, wie sie auf der Bühne mitzuerleben. Aber die Karten sind sonst rar – und so können alle an diesem großartigen Fest teilhaben. Passen Sie auf sich auf und bleiben Sie zu Haus.

Montag, 4. Mai 2020

Lese-Tag.

Dienstag, 5. Mai 2020

*»Verstehen ist immer eine aufsteigende Bewegung;
deshalb muss das Verstehen immer konkret sein.«*

Simone Weil, Cahiers, Heft 1 (1933 – 1940)

Eine aufsteigende Bewegung des Verstehens ist nicht zu erkennen. Wirklich nicht. Es liest sich, als ob ungeheure Anstrengung darauf verwandt worden wäre, nur ja nicht konkret zu werden, nur ja kein tieferes Verstehen zuzulassen,
nur ja nicht die Verbrechen in einem Kontext zu situieren,
nur ja alles zu vermeiden, was aufklären könnte, welche
Strukturen diese Taten ideologisch und praktisch-logistisch
ermöglicht haben. Es liest sich wie das ernsthafte Bemühen,
jede ernsthafte Auseinandersetzung mit dem NSU-Komplex
zu verhindern.

Es ist eine quälende Lektüre, diese dreitausendfünfundzwanzig Seiten lange Begründung des Urteils im NSU-Prozess.
Dreitausendfünfundzwanzig. Sie lag schon seit letzter Woche
vor, aber es brauchte Zeit, sie auch zu lesen. Erst hatte ich gedacht, es würde gut tun, sich mit etwas anderem als Covid-19

zu beschäftigen. Ein Gegenprogramm zur alles verschlucken-den Krise der Pandemie. Das braucht es auch. Jede Woche mehr. Ich weiß nicht, was ich von dem Urteil erwartet hatte, aber nicht das. Auf 3025 Seiten findet sich kein einziger Satz, der die Opfer tatsächlich würdigt, kein einziger Satz, der auch nur andeutet, wer sie waren, die da hingerichtet wurden, dass sie jemandes Ehemann und Vater waren, jemandes Bruder und Onkel, jemandes Tochter und Nichte waren, dass sie rausgerissen wurden aus dem Leben in einer Familie, einer Nachbarschaft, einer Gesellschaft, in der sie zählen, kein Satz, der das Leid der Angehörigen adressiert, kein Satz, der ihnen vielleicht keinen Trost, keine Versöhnung verspräche, aber wenigstens Anerkennung zollte. Auf dreitausendfünfund-zwanzig Seiten wäre ein solcher Satz möglich gewesen. Für einen solchen Satz hätte sie gelohnt, diese monumentale Ur-teilsbegründung, einen solchen Satz hätten die Angehörigen nicht nur verdient, sondern auch gebraucht.

Die respektlose Haltung gegenüber den Opfern durchzieht das Urteil gleich auf zweifache Weise: einerseits werden sie mit solchem Desinteresse erwähnt, dass sie im Verlauf immer abwesender, immer marginaler werden und ande-rerseits, wenn sie überhaupt auftauchen, werden sie als das beschrieben, als was ihre rassistischen Mörder sie sehen woll-ten. »Monstrosität und Unsichtbarkeit sind zwei Unterarten des Anderen,« schrieb die amerikanische Philosophin Elaine Scarry in ihrem Aufsatz »Das schwierige Bild des Anderen«, »die eine übermäßig sichtbar und die Aufmerksamkeit ab-stoßend, die andere unzugänglich für die Aufmerksamkeit und daher von Anfang an abwesend.«

Die Opfer tauchen in der juristischen Rekonstruktion der Taten eben in ihrer Rolle als Opfer auf, aber es ist stets nur ein Auftritt in der Szene am Tatort, stets »versahen sie sich keines Angriffs« (eine Formulierung, die signalisiert, dass das Gericht das Mordmerkmal »Heimtücke« und »niedrige Beweggründe« annimmt), aber sie zeichnet nichts aus, sie haben keine Leben, keine Beziehungen, keine Individualität. Das mag wie der sachfremde Einwand einer nicht-Juristin klingen. Das ist richtig: ich lese hier als Laie. Ebenso richtig ist: eine Urteilsbegründung ist kein literarisches, poetisches Genre. Der 6. Strafsenat des Oberlandesgerichts München ist nicht Roberto Bolaño, ein schriftliches Urteil ist nicht »Der Teil von den Verbrechen«, jenes Kapitel in dem Roman »2666«, in dem über 342 Seiten die brutalen Femizide in der Stadt Santa Teresa beschrieben werden. Das ist alles richtig. Aber leider ist es nicht bloß eine Gattungsfrage. Denn hier wird nicht überall gleich ambitionslos formuliert. Wenn mehr liebevolle Akribie auf die Beschreibung einer Christstollen-Dose mit Sprengvorrichtung verwandt wird (»rot, weihnachtlich mit Sternen verziert«) als auf nur ein einziges Opfer der NSU-Mord-Serie, dann ist doch Skepsis angebracht, ob es wirklich am Genre des Textes liegt oder nicht doch an einer inneren Gleichgültigkeit den Menschen gegenüber, die getötet wurden.

Wenn etwas mehr über die einzelnen Opfer ausgesagt wird, dann vornehmlich aus der Perspektive der Täter. Das liest sich dann so: »Aufgrund der durch sein Aussehen naheliegenden südländischen Abstammung gehörte Enver Şimşek zu der von den drei Personen ausländer-feindlich-rassistisch definierten Opfergruppe.« (S. 91) Das

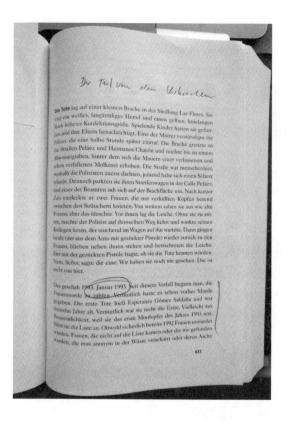

könnte ein unglücklicher Lapsus sein. Unsensibel, aber nicht verwerflich. Wäre es nicht die Form, in der jedes migrantische Opfer des NSU vorgestellt wird. »Aufgrund der durch sein Aussehen naheliegenden südländischen Abstammung gehörte Abdurrahim Özüdoğru zu der von den drei Personen ausländer-feindlich-rassistisch definierten Opfergruppe.« (S. 110). Es lässt sich ahnen, wie diese Passage kopiert und eingefügt wurde. Wie lediglich der Name geändert wurde alle paar Seiten. Vermutlich hat jemand gedacht: ist ja eine Mord-Serie, da ist etwas serielle Redundanz unvermeidbar. »Aufgrund der durch sein Aussehen naheliegenden südländischen Abstammung gehörte Süleyman Taşköprü zu der von den drei Personen ausländer-feindlich-rassistisch definierten Opfergruppe.« (S. 114) So setzt sich das fort. Alle migrantischen Opfer des NSU, werden auf diese Weise im Blick-Regime der Terroristen beschrieben.

»Verstehen ist eine aufsteigende Bewegung«, aber hier steigt einfach gar nichts auf. Es sinkt nur tiefer. Die Technik des schlichten »*Copy-and-Paste*«, der Wiederholung derselben Textbausteine an anderer Stelle, sie scheint auch sonst gelegentlich eingesetzt worden zu sein. Über weite Strecken gibt es identische oder fast identische Formulierungen zu Beate Zschäpes Funktion im Verbund des NSU als diejenige, die Uwe Mundlos und Uwe Böhnhard die Legenden für ihre Abwesenheiten lieferte, die das Geld aus den Raubüberfällen verwaltete und die das Bekenner-Video veröffentlichen sollte für den Fall, dass beide gefasst würden. Warum das stetig wiederholt wird, ist strategisch sogar verständlich: hier soll die These von der Mittäterschaft der Angeklagten belegt werden, obgleich sie am Kerngeschehen selbst nicht mitwirkte und auch nicht am Tatort anwesend war. Also wird die Arbeitsteilung der drei Personen wieder und wieder erwähnt, damit sich die Unabdingbarkeit des Beitrags von Zschäpe für die Taten einprägt. Aber das repetitiv Gleichförmige des Texts wirkt auf Dauer nicht nur phrasenhaft, sondern arbeitsscheu.

Es wäre auch durchaus Raum gewesen, um die weitreichenden Verknüpfungen der Angeklagten in die rechtsextremistische und neonazistische Szene in Thüringen und Sachsen in den 90er Jahren zu beschreiben. Nicht nur, um die soziale Eingebundenheit der Terror-Gruppe zu dokumentieren, sondern auch, um alle die zu benennen, ohne deren Hilfe diese Serie an Morden, Sprengstoffanschlägen, Raubüberfällen und Mordversuchen kaum denkbar gewesen wäre. Es mag dramaturgische Gründe für verschlichtende Personalisierung dieses gewaltförmigen Archipels an rechtsextremistischen Figuren und Netzwerken in Spielfilmen geben. Es mag quotenheischende Gründe für die emotionale Mythifizierung des »Trios« geben. Aber in einer juristischen Aufarbeitung möchte ich schon die Hintergründe und Zusammenhänge gewürdigt sehen. Wozu sonst wäre dieser Jahrhundert-Prozess geführt worden? Wozu sonst wäre mehr als fünf Jahre, vom 6. Mai 2013 bis zum 11. Juli 2018, vor dem 6. Strafsenat des Oberlandesgerichts München verhandelt, wozu sonst wären 541 Zeugen und 46 Sachverständige gehört worden? Um jetzt ein Urteil zu formulieren, das die Taten auf sich wiederholende Abläufe zusammenschnurren lässt und die Täter eher als semi-autarke Einheit, denn als breit vernetzte und unterstützte Terror-Organisation beschreibt?

Zu den Zeugen, die gehört wurden vor Gericht, zählte auch Andreas Temme, der Mitarbeiter des hessischen Landesamts für Verfassungsschutz, der sich zeitgleich in eben jenem Internet-Café in Kassel aufhielt, in dem der Eigentümer Halit Yozgat durch zwei Schüsse getötet wurde. Eben jener Andreas Temme, der, wie sich mittlerweile herausstellte, mit dem Mörder des CDU-Politikers Walter Lübcke, Stefan E., »dienstlich befasst« gewesen sein soll. Temme wird in dem

NSU-Urteil nicht erwähnt. Ich konnte das erst nicht glauben. Ich dachte, ich hätte den Passus überblättert. Es schien undenkbar, dass der Mann, der am Tatort in Kassel war, der Zeuge, der ausführlich in der Hauptverhandlung angehört wurde, einfach herausgefallen sein könnte. Ich habe sicherheitshalber zwei Mal mit der Suchfunktion das Dokument nach dem Namen Temme durchsucht. »Keine Ergebnisse«.

Mag sein, dass man schon dankbar sein muss, dass das Gericht nicht die Version von Beate Zschäpe als harmlosem, katzenliebendem Heimchen am Herd geglaubt hat. Mag sein, dass dieses Urteil so geschrieben wurde, damit es unbedingt Bestand hat und nicht in der nächsten Instanz aufgehoben wird. Mag sein. Aber wenn diese Demokratie an der Aufklärung der historischen Wahrheit interessiert ist, wenn sie wirklich verstehen will, was der NSU-Komplex war und wie sich verhindern lässt, dass so etwas wieder geschieht, dann reicht das nicht. Dann braucht es eine Wahrheits-Kommission, in der alle Akten zugänglich, alle Informationen offen, alles Wissen geteilt, alle verdeckten Figuren sichtbar werden. Das schuldet diese Gesellschaft nicht nur den Opfern, sondern auch sich selbst.

Um das letzte Wort den Angehörigen der Opfer zu geben, sei hier Elif Kubaşık zitiert, die Witwe von Mehmet Kubaşık, in ihrem Kommentar zur Urteilsbegründung:

»Jetzt haben Sie viel Zeit verstreichen lassen, bis Sie uns das Urteil geschickt haben. Das Urteil ist sehr lang. Aber warum haben Sie dann nicht wenigstens aufgeschrieben, wonach Sie uns gefragt haben, was Sie von all den Zeugen, von uns und allen anderen gehört haben, was diese Morde mit uns und unseren Familien angerichtet haben?«

Mittwoch, 6. Mai 2020

»Früher war mehr Lametta«

Loriot

Das mit den Masken ist ja optisch durchaus apart, aber es erschwert doch akustisch die reibungslose Verständigung. Eine Freundin aus Frankfurt/M. schrieb mir gerade von folgendem Dialog mit einer Fachverkäuferin im Laden:

A.: »Haben Sie Kalbsleber?«
B.: »600 Gramm Rinderhack?«
A.: »Nein, Kalbsleber?«
B.: »600 Gramm?«
A.: »Also, ne Grammzahl hatte ich eigentlich noch gar nicht genannt, aber wenn Sie meinen …«

Die Freundin schreibt, hier habe es erste Lachanfälle im Raum gegeben.

B.: »Wir haben nur noch 400 Gramm.«
A.: »500 würden mir reichen.«

Mittlerweile völlig enthemmtes Gelächter der anderen Kunden im Laden.

A.: »Mit Maske hört man nix!«
B.: »Ja, mitunter rät man einfach, was die Kunden wollen, und wenn sie sich nicht wehren …«

Hätte Loriot nicht besser schreiben können.

Abends beim Ritual der Nachrichten breitet sich niedergeschlagenes Unbehagen aus. Nicht, dass hirnlose Anpassung an die Einschränkungen mich schon so sediert hätte, dass nichts mehr quälte oder ich aufgehört hätte, mich nach Lockerungen zu sehnen. Aber das, was da angekündigt wurde, ist einfach keine überzeugende, keine glaubwürdige, keine gerechte Öffnung. Nicht nur, weil sie vor lauter Eile, wieder zur Normalität zurückzukehren, über die Kriterien, welche Normalität wir wollen sollen, gar nicht mehr nachgedacht zu haben scheinen. Als ob die Krise nicht doch sehr triftige Gründe geliefert hätte, sich dringend für eine nachhaltige Mobilitätswende einzusetzen, eine Stärkung der sozialen Infrastruktur und Sicherungssysteme zu finanzieren und dramatisch mehr in Bildung und Digitalisierung zu investieren.

Sondern auch, weil diese Lockerungen zu sehr nach lobbygetriebener Willkür aussehen und zu wenig nach bewusstem Ausbalancieren von medizinischen und sozialen und ökonomischen Gesichtspunkten. Als ob es reichte, nur zu drängeln und zu fordern, um als unverzichtbar und immun zu gelten. Die lokalen Differenzierungen leuchten ja durchaus ein. Es macht Sinn, der unterschiedlichen Dichte und den unterschiedlichen Infektionsraten in den Landkreisen Rechnung zu tragen. Aber es fällt schwer, die nun veränderten, aber immer noch geltenden Einschränkungen und ihre sozial-ökonomischen Auswirkungen zu akzeptieren, wenn lobbyschwache Sparten wie Kultur oder Schulen und Kitas ungleich stärker belastet und weiter begrenzt werden sollen. Man könnte sich wie ein dämlich-braver Tropf fühlen, wäre da nicht die Vermutung, dass all diese Lockerungen zu weitreichend sind – und später noch bereut werden.

Die öffentlich-rechtlichen Nachrichten-Programme, ob »Tagesschau« und »Tagesthemen« oder »heute« und »heute journal« leisten seit Wochen wirklich Spektakuläres: nicht nur durch die ruhigen Analysen und Berichte aus dem Inland, sondern vor allem, wie sie immer wieder den Fokus öffnen, immer wieder der regressiven Neigung zur Nationalisierung der Krise widerstehen und internationale Bezüge und Kontexte beleuchten. Das gelingt der BBC und CNN schon lange nicht mehr. Weil sie sich dafür nicht mehr ausreichend interessieren, weil sie so mit den politischen oder medizinischen Katastrophen in ihren Ländern befasst sind oder weil sie ohnehin kaum Korrespondenten mehr raus schicken und glauben, endlose Studio-Talk-Runden ersetzten Berichte aus der Welt. Dabei zeigt diese Krise mehr denn je, warum es beides braucht: exzellenten Lokal-Journalismus und Auslands-Berichterstattung, warum Recherchen in der Nähe, in den Kommunen und Ländern unverzichtbar sind, aber eben auch Reportagen aus der Welt, mit der wir verbunden und verwoben sind. Vielleicht wäre das auch eine Lehre aus dieser Krise für das »Danach«: dass die Nachrichten insgesamt länger und um einen richtigen Block aus internationalen Berichten ergänzt werden. Täglich.

An dieser Stelle jedenfalls: ein Dank an alle, die uns durch die Vervielfältigung der Perspektiven auch zwingen, die asychronen Entwicklungen in der Welt auszuhalten. In Brasilien regiert eine unheimliche Mischform von rechtsradikalem, demokratisch gewähltem Präsidenten und einigen Generälen, die ihm in dieser Krise nicht mehr trauen und ihn in einem intransparenten Modus »beraten«. Wirklich gesicherte Informationen gibt es kaum. Es lässt sich nur ahnen. Eine absurde Konfiguration, in der eher Militärs als schützende Instanz für die Bürger*innen gelten als ein gewählter Präsident, der das Virus und seine vernichtende Wirkung einfach leugnet. Mittlerweile hat Covid-19 längst den Bundesstaat Amazonien und die Hauptstadt Manaus erreicht. Seit Tagen richtet der Bürgermeister verzweifelte Appelle an die internationale Öffentlichkeit und fleht um Hilfe. Noch bedrohlicher ist die Situation der indigenen Gemeinschaft, die in ihrem Überleben bedroht ist. In einem offenen Brief hat der Photograph und Friedenspreisträger Sebastião Salgado eindringlich die doppelte Gefahr beschrieben, der sie ausgesetzt sind: einerseits die illegale Ausbeutung der Gebiete der indigenen Bevölkerung durch Bergarbeiter, Holzfäller und Viehzüchter und andererseits die Verbreitung des Virus, vor dem sie sich nicht schützen können.

Und bei uns? Bei uns darf wieder Fußball gespielt werden.

Was mir sehr gefällt an den Öffnungen ist die: »zweite Haushalt-Regel«, die heißt vermutlich anders, aber so habe ich sie mir gemerkt. Ich darf jetzt nicht nur wie bisher mit einer anderen Person mich treffen, die nicht mit mir lebt, sondern mit einem anderen Haushalt, eben dem »zweiten Haushalt«. Das ist großartig. Wir haben sofort überlegt, wer unser »zweiter Haushalt« sein soll. Und dann wurde deutlich, dass das nur als promiskes Konzept funktionieren kann, also es immer andere Freund*innen sind, die als »zweiter Haushalt« deklariert werden. Sonst verklumpt man, nach wochenlanger Verspießung allein zuhause, am Ende auch noch zu zweier-Paaren zusammen. Horror. Aber ich fürchte, genau so war es gemeint.

Donnerstag, 7. Mai 2020

»*Im Anfang war die Ähnlichkeit.*«

Edmond Jabès, Ein Fremder mit einem kleinen Buch
unter dem Arm

In dem Roman »Anils Geist« beschreibt der Schriftsteller
Michael Ondaatje eine Pflanze in der Wüste. Sprüht man
Wasser auf ihre Blätter, lässt sich der Geruch von Kreosot
einatmen. Die Pflanze sondert dieses Gift ab, sobald es regnet – und hält sich so, laut Ondaatje, alles vom Leib, was
zu sehr in ihrer Nähe wachsen könnte. So wirkt es im Moment. In dieser Zeit, in der wir uns oft aus purer Müdigkeit nur noch auf uns selbst konzentrieren wollen, in der
der Blick immer enger, die Empathie eine knappere Ressource wird. Als ob wir uns in der Krise der Pandemie, wie
diese Pflanze, alles vom Leib halten wollten, was uns zu nah
kommt. Und so verdrängen wir, was sonst noch geschieht,
vergessen, wer uns sonst noch bräuchte, wessen Not nicht
aufgehört hat, vergessen, dass jeden Tag, jede Woche verzweifelte Menschen ihr Leben riskieren auf der Flucht über
das Mittelmeer.

Wenn man sich erklären lassen will, was weiterhin geschieht, ohne dass es wirklich Beachtung findet, wenn man verstehen will, wie das ist, mit 150 Geflüchteten aus Libyen auf einem 38 Meter langen Boot über Wochen auszuharren, wie dort Menschen auf engstem Raum, ohne jede Privatsphäre, nicht nur nebeneinander liegen und schlafen, sondern eben auch aufeinander, wenn man wissen will, warum um 4h aufstehen muss, wer mit einem einzelnen Kochtopf Reis für 150 Personen kochen will, dann reicht ein einziges Skype-Gespräch mit Anna-Katharina Schiller, der 1. Offizierin der »Alan Kurdi«. Wir kennen uns nicht. Wir hatten uns per E-Mail verabredet, jetzt sitzt sie auf dem Schiff und scheint ein wenig erstaunt, dass sich überhaupt noch jemand interessiert. Nicht nur für die Crew oder das Schiff, sondern auch für die Menschen, die in Europa niemand haben will.

Das Schiff der Regensburger Seenotrettung »Sea-Eye« durfte nach wochenlanger Odyssee am Montag in den Hafen von Palermo einlaufen. In zwei verschiedenen Rettungen hatte die »Alan Kurdi« erst 68 und dann nochmal 82 Menschen an Bord geholt. »Die wollten gar nicht nach Europa, das ist immer so ein Mythos«, sagt Anna-Katharina Schiller, die in einem anderen Leben, wenn sie nicht gerade Menschen im Mittelmeer rettet oder in Quarantäne im Hafen von Palermo festsitzt, Physik studiert, »sie wollten raus aus Libyen, raus aus den brutalisierten Lagern, raus aus dem Bürgerkrieg.«

Das ist das europäische Paradox: alle sind sich einig darin, dass die Gewaltförmigkeit in Libyen unerträglich ist: die fragmentierten Zonen, die keinen Staat mehr, geschweige denn einen Rechtsstaat erkennen lassen, die unkontrolliert zirkulierenden Waffen, teils aus alten Beständen, teils frische Ware, geliefert von externen Regimen, die die eine oder andere Faktion im Bürgerkrieg gewinnen sehen möchten, alle wissen um die grausamen Folterungen und Versklavungen in den Lagern in Libyen, aber all diese Einschätzungen scheinen nur gültig zu sein, solange die Menschen ihnen unterworfen sind. Sobald jemand flieht vor eben diesen Zuständen und eben dieser Gewalt, sobald jemand im Mittelmeer in einem Schlauchboot abzusaufen droht, erlischt auf einmal diese eben noch anerkannte Wirklichkeit in Libyen, gilt nichts mehr von den Einschätzungen zuvor. Die Gewalt in Libyen soll immer nur dann wahr sein, wenn internationale Friedenskonferenzen abgehalten werden, aber sie soll nicht wahr sein, wenn Menschen aus dem Mittelmeer gefischt und an die libysche Küstenwache übergeben und zurück geschickt werden in den zerfallenen Staat.

Auf der »Alan Kurdi« brauchten die erschöpften Geflüchteten nicht viel zu erzählen Die Spuren dessen, was sie erlebt hatten, so erzählt Schiller, seien an ihren Körpern noch abzulesen gewesen: ausgerissene Zehen-Nägel, gebrochene Finger, Zigaretten-Verbrennungen auf der Haut. »Die waren eigentlich nur zum Arbeiten nach Libyen gegangen, als sie dort dann vom Bürgerkrieg erfasst wurden.« Viele kamen aus Bangladesch, andere aus Subsahara-Afrika und Marokko. Viele waren monatelang eingesperrt in Internierungslagern, ausgeliefert der willkürlichen Gewalt. Und nun wochenlang zusammengepfercht auf einem Schiff, mitten in der Krise der Pandemie, die sie noch unerwünschter macht als sie es ohnehin schon waren. Wie traumatisiert manche der Geflüchteten waren, möchte Schiller nicht zu konkret beschreiben, sie will die Menschen bewahren vor voyeuristischen Zugriffen, aber sie erwähnt, dass es mehrere Not-Evakuierungen nach Italien gegeben habe wegen »akuter Selbstverletzung«. Die Kooperation mit der italienischen Seite sei hier wirklich gut gewesen.

Anderes ist weniger gut. Nachdem alle Geflüchteten von Bord geholt und auf Covid-19 getestet waren (»alle negativ«), nachdem die »Alan Kurdi« im Hafen von Palermo anlegen durfte, wurde zunächst für die Crew eine Quarantäne verhängt. Jeder Tag aber, erzählt Anna-Katharina Schiller, sei durch die Liegegebühren eine ökonomische Belastung. »Die Spenden-Einnahmen für die Seenotrettung sind am versiegen«, die Krise der Pandemie hat alles in den Hintergrund gestellt, das belastet die Hilfsorganisationen existentiell, hinzukommt, dass eigentlich eine neue Crew schon Anfang April die alte hätte ablösen sollen, aber niemand weiß, wie das bei geschlossenen Grenzen und nervös-wechselnden Hygiene- und Sicherheitsregeln überhaupt gehen soll.

Ob und wie die geretteten Menschen von der »Alan Kurdi« verteilt werden auf europäische Staaten, weiß noch niemand. Seit Mittwochabend nun hat sich die Lage für die Crew im Hafen von Palermo noch einmal dramatisch verändert: nach einer Inspektion des Schiffes durch die »*Port State Control*« wurde die »Alan Kurdi« an die Kette gelegt. In einer achteinhalbstündigen Kontrolle sei eine Mängelliste erstellt worden, aufgrund derer das Schiff und die Personen darauf nun festgesetzt wurden.

Freitag, 8. Mai 2020

Diese Woche ist etwas düster geraten, fürchte ich, das gefällt mir selbst nicht richtig. In all dieser Zeit gibt es immer noch das, wofür sich dankbar und demütig sein lässt, das, was einen schmunzeln oder albern lässt, das Glück dieser Suchbewegung, mit der wir uns alle im Moment die Situation anzueignen versuchen, in der wir nach neuen Formen der Nähe suchen und dabei immer gleichzeitig zu viel und zu wenig sprechen, wie wir einander beistehen, ohne uns sehen zu können. Und immer wieder, in all diesen Wochen, gab es Fundstücke, Erlebnisse oder Objekte, Begegnungen oder Eindrücke, die alles aufheben, die einen herausholen aus der Schwere der Zeit. Ein solches Geschenk, das alles überschreiten hilft, ist ein Photo, das mir der Schweizer Photograph Daniel Schwartz vor einiger Zeit zugeschickt hat. Er tat das beiläufig, ohne viele Worte, er hängte einfach an die Zeilen, die er mir schrieb, ein Bild an, als ob er gar nicht wüsste, wie sehr seine Aufnahmen einen aus der Fassung bringen.

Daniel Schwartz gehört für mich zu den außergewöhnlichsten Photographen der Gegenwart, weil seine Bilder sich nie aufdrängen, nie manipulativ, nie schrill oder aufgeregt daherkommen, nie wird jemand darin exotisiert, nie vorgeführt, es sind Bilder, die einem beim Betrachten Raum lassen, man kann sich in ihnen aufhalten und bewegen, und doch entwickeln sie eine ungeheure Wucht. Ganz genau verstehe ich es selbst nicht, wie er das macht, dass die Bilder gleichzeitig so leise und so erschütternd sein können. Als er mir diese Aufnahme nun schickte, musste ich richtig schlucken. Ich vermute, weil sie mich mit einem Mal aus der tiefen Unruhe herausholte, die diese Tage und Wochen der Pandemie durchzieht, weil sie mich zwang, mich zu konzentrieren, endlich einmal, all das flatterhafte hierhin oder dorthin Denken und Kommunizieren fallenzulassen, für einen ruhigen Moment, für das geduldige Schauen auf das Bild eines Fischreihers.

Wenn ich in einigen Jahren auf diese Krise zurückschaue und mir in Erinnerung rufe, was schön war, was Trost spendete, was mich aufgehellt und durch die Zeit getragen hat, dann wird dieser Fischreiher dazugehören. Dank an Daniel Schwartz, dass ich ihn auch hier, in diesem Journal, zeigen und so weiter verschenken darf. Passen Sie auf sich auf und bleiben Sie zu Haus.

Montag, 11. Mai 2020

>>Es kommen härtere Tage.
Die auf Widerruf gestundete Zeit
wird sichtbar am Horizont.<<

Ingeborg Bachmann, Die gestundete Zeit

Die Angst kennt viele Gründe. Gute Gründe. Da ist zunächst die Angst vor der Krankheit selbst, niemand weiß,
wie der eigene Körper reagieren würde, niemand, ganz
gleich wie unbelastet, wie durchtrainiert, wie jung, kann sicher sein, mit einem leichten Verlauf davonzukommen, die
Angst also vor den körperlichen Schmerzen, Angst auch womöglich vor der Überforderung krank und alleinerziehend
zu sein, krank und ohne jemanden, der sich kümmert und
pflegt, Angst vor der Schwäche, die womöglich lange danach noch anhält. besonders bei denen, die ohnehin sich
schonen müssen, die ohnehin eingeschränkt sind, die ohnehin mit einem Körper leben, auf den sie sich nicht (mehr)
ganz verlassen können.

Dazu gibt es einen Zwilling in der Angst, jemand anderen anzustecken, durch irgendeine Sorglosigkeit eine geliebte Person oder jemand Fremden zu gefährden, sich schuldig zu machen an der Erkrankung und dem Leid einer anderen Person, womöglich sogar viele auf einmal anzustecken, fahrlässig oder nicht, mehrere Menschen zu belasten. Der Kummer, geliebte Angehörige und Freund*innen nicht sehen zu können, ist arg, aber die Angst, sie möglicherweise selbst anzustecken und zu gefährden, noch ärger.

Dann ist da die Angst vor den einbrechenden Einnahmen, den materiellen Verlusten, die Angst, die eigenen Angestellten, das eigene Team nicht mehr halten zu können, die Angst, nicht mehr ausreichend zu verdienen, um die Familie zu versorgen oder die Kredite abzubezahlen, die Angst, jene Institutionen zu verlieren, in denen sich spielen oder musizieren oder sprechen ließ, die Angst auch, die eigene Branche, die eigene Zunft, das eigene Arbeitsleben könnte als Ganzes verschwinden durch die Folgen der Pandemie. Diese Sorge ist primär eine ökonomische, aber nicht nur. Das Ökonomische ist nie nur ökonomisch. An jedem Arbeitsplatz hängt nicht nur ein stabiles Einkommen, sondern auch soziale Anerkennung. Für manche von uns hängt an der Arbeit vielleicht weniger Einkommen, aber das immense Glück, etwas tun zu dürfen, das man liebt. Umso größer ist die Not derer, die ihre Arbeit vielleicht nicht mehr ausüben können, weil das, was es dafür braucht, die Verlage, die Buchhandlungen, die Theater, die Musik-Clubs, die Festivals diese Krise nicht überstehen.

Dann ist da die Angst, es nicht durchzuhalten, was gerade erwartet wird, die Angst vor der uferlosen Erschöpfung und der Einsamkeit, auch die Angst vor dem Diffusen, nicht-wirklich-Verstehbaren, diese Angst, die jeden Tag abgebaut werden will durch Lesen oder Hören oder Sprechen, aber die doch nicht ganz versiegt, die Angst, die eingeschlossenen Kinder könnten ihre Ängste vor dem, was sie vielleicht nicht ganz verstehen, aber ganz sicher spüren, in sich einschließen, schließlich auch die Angst, sich analytisch oder emotional zu irren, die Angst, das, was noch droht, zu unterschätzen oder zu überschätzen, sich auf das Falsche zu konzentrieren, sich zu sicher zu wähnen oder zu schutzlos, sich zu voreilig anzupassen oder zu voreilig auszubrechen.

Und schließlich ist da die Angst, das zu verlieren, was uns als Menschen ausmacht, die Gabe, anderen nahe zu sein in der Not, anderen beizustehen in den letzten Stunden, ihnen zuzuflüstern oder vorzusingen, auch wenn sie nicht mehr sprechen können, sie zu berühren, damit sie sich begleitet und verabschiedet wissen, die Angst, keinen Ort, keinen Raum, keine Gesten für die Trauer zu finden, weil alles reglementiert, alles auf Abstand geeicht, alles verhindert wird, was es zum Abschiednehmen, zum bitteren, untröstlichen, zugewandten Innehalten beim Tod eines geliebten Menschen braucht.

Für alle diese Ängste und Nöte gibt es Gründe. Sie lassen sich besprechen, zuhause im Privaten, aber auch im öffentlichen Raum. Sie können sich ausprägen als soziales und politisches Unbehagen, sie können als Kritik an politischen Entscheidungen formuliert werden und setzen sich so auch Widerspruch aus. Sie können diskutiert und abgewogen werden, können sich als angebracht oder unangebracht, übertrieben oder sorglos erweisen. Sie werden im öffentlichen Diskurs getestet, durch andere Informationen, durch andere Erfahrungen, durch andere Argumente, sie werden durch öffentliche (Selbst-)Verständigung bestärkt oder gehemmt. Aber sie sind antastbar, hinterfragbar, veränderlich. Sie gelten nicht unbedingt.

Das wird mitunter vergessen: dass sich wirklich Angst haben lässt und die politischen Maßnahmen einem trotzdem richtig erscheinen können. Dass nicht das eine, die individuelle oder kollektive Sorge, das andere, die politische Akzeptanz, ausschließt. Dass nicht ökonomisch naiv oder sozial privilegiert sein muss, wer die strikten Beschränkungen befürwortet. Die Angst vor den Verlusten wird gern als Gegenpol zu den Einschränkungen gesetzt: ist die Angst vor den Folgewirkungen groß, so die Unterstellung, sei auch der Wunsch nach Öffnungen groß. Aber das stimmt so nicht. Wer in den sich wieder vervielfältigenden Kontakten vor allem die Wahrscheinlichkeit erneuter Infektionscluster sieht, die sich wegen der wieder gelockerten Mobilität auch nicht mehr so leicht lokal begrenzen lassen, dem sind vor allem Öffnungen eine Quelle der Angst vor den dramatischen psychischen, sozialen, ökonomischem Belastungen, die ein zweiter Lockdown verursachen dürfte.

»Es kommen härtere Tage,
die auf Widerruf gestundete Zeit
wird sichtbar am Horizont.«

Niemand also soll sich schämen für die Angst, niemand wird gedrängt, seine Not zu verbergen, sie können geteilt und besprochen werden. Niemand soll allein gelassen werden mit einer existentiellen Sorge, mit der sozialen Verunsicherung, die die Krise schürt, niemand soll isoliert sein in dieser prekären Zeit wechselseitiger Verwundbarkeit.

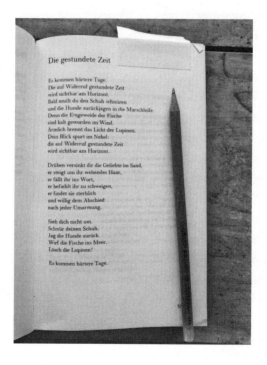

Dienstag, 12. Mai 2020

»*Das Charakteristische für diese Bewegungen ist vielmehr eine außerordentliche Perfektion der Mittel, nämlich in erster Linie der propagandistischen Mittel in einem weitesten Sinne, kombiniert mit Blindheit, ja Abstrusität der Zwecke, die dabei verfolgt werden.*«

Theodor W. Adorno, Aspekte des neuen Rechtsradikalimus –

Das war nur der Anfang gestern. Die Frage der Angst ist zu kompliziert, um sie fallenzulassen nach einem Tag. Vielleicht habe ich auch nur einfach selbst zu viel Angst, um davon freizukommen. Vielleicht will es mir einfach nicht gelingen, diese Woche, über etwas anderes zu schreiben, etwas Kurioses oder Heiteres, irgendein Fundstück des Alltags, vielleicht kann ich nicht so eilig abtauchen, sondern muss vielmehr hindenken, was mich so umtreibt daran, wie die Angst als Topos auftaucht im öffentlichen Diskurs. Also nochmal zurück zu dem, womit es gestern endete: jenen Ängsten, die mich in dieser Krise so durchziehen wie viele andere auch.

Für all diese Ängste gibt es *Gründe*. Alle diese Ängste behalten als Bezugsgröße etwas, das uns *gemein* ist: die Wirklichkeit, sie setzen sich auseinander mit der objektiven Realität einer ausgreifenden Pandemie, alle diese Ängste orientieren sich an dem, was sich (wie immer bruchstückhaft) wissen lässt über das Virus und wie es ganze Regionen heimsucht, sie nehmen die Toten zur Kenntnis, die Berichte von den Intensiv-Stationen in Bergamo oder New York oder Manaus, sie nehmen die Arbeitslosenzahlen zur Kenntnis, die Insolvenzen, die Umsatzeinbrüche, die Rezessions-Prognosen, alle diese Ängste lassen sich befragen, sie reagieren auf das, was wir hinzulernen, welches Wissen als gesichert, welche Irrtümer als erwiesen gelten. Manchmal helfen zusätzliche Informationen, eine Angst zu festigen, manchmal sie abzubauen.

Nichts jedoch jagt mir mehr Angst ein als die Aufritte derer, die nurmehr Wahn als Angst ausgeben, die sich nicht mehr scheren um das, was allen gemein ist, die keine Bezugsgrößen mehr anerkennen außer ihrer eigenen Phantasie, die ihre Wut nicht mehr erklären, sondern nur noch ausagieren wollen, immer vertikal, gegen »die da oben«, gegen eine vermeintliche »Diktatur«, gegen »die Medien«, gegen »Bill Gates«, gegen irgendein »Komplott«, das bekämpft werden muss. Die Angst, die diese Bewegungen vorgeben, ist nicht mehr einholbar, die Angst will keine Nachfragen zulassen, keine Realität als Korrektur mehr akzeptieren, die Angst soll ausreichen als Alibi, als rhetorischer Schutzschild, hinter dem sich hemmungslose Aggression und ungezügeltes Ressentiment ausleben darf.

Nichts jagt mir mehr Angst ein als die Wiederholung desselben Spektakels, derselben Synergie aus Brutalität und Selbstmitleid, dieser unverbesserliche Hass nur mit anderen Vorzeichen, mit partiell anders konstruiertem Objekt. Nichts jagt mir mehr Angst ein als diese Protestierenden, die sich unbedingt als Opfer sehen wollen, betrogen um die Wahrheit, für deren Bedingungen sie sich nicht interessieren, beraubt der Freiheit, die sie nicht einmal erkennen, wenn sie ihnen gerade zugestanden wird, beschnitten in ihren Rechten, die sie anderen verwehren wollen. Sie sind sich für nichts zu schade, sie haben vor nichts Respekt. Ob sie sich im T-Shirt mit »Judenstern« und der Aufschrift »ungeimpft« auf den Marktplatz der Schamlosigkeit stellen oder mit einem Plakat mit dem Bild von Anne Frank mit dem Titel »Anne Frank wäre bei uns« – der Holocaust wird von manchen in diesem Milieu nur so lange geleugnet wie man ihn nicht benutzen kann für die eigene faschistoide Stilisierung.

Sie sind ein so diverses wie konfuses Ensemble aus Esoterikern, Reichsbürgern, Antisemiten, Impf-Gegnern, rassistischen Kadern und Verschwörungs-Dogmatikern. Der Kitt zwischen harten-rechtsradikalen Ideologen, gewaltbereiten Schlägern und ahnungslosen Wirrköpfen besteht aus jener Sorte geistiger Flipperkugeln, die bei jedem Thema ungeheuer aufgeregt von einer Überzeugung zur anderen bouncen, immer empört, immer instabil, immer besserwisserisch – und die nur in dieser auto-Dramatisierung sich selbst spüren können.

Sie sind eine Minderheit, ließe sich einwenden, von

ihnen kann keine Gefahr ausgehen, sie könnten als rand-
ständig, als nicht repräsentativ betrachtet werden. Was mir
wirklich Angst macht, ist jedoch, dass sie wieder aufgewertet
und in ihrem Wahn belohnt werden könnten, weil es wieder heißt, das seien alles nur ganz harmlose Kritiker oder
»besorgte Bürger«, die eine Demokratie eben aushalten
müsste. Was mir wirklich Angst macht, ist, dass wieder so
getan werden könnte, als ließe sich nicht zwischen richtigen
und falschen Tatsachenbehauptungen, plausiblen und irr-
witzigen Annahmen unterscheiden. Was mir wirklich Angst
macht, ist, dass sie wieder in die talkende Manege geführt
werden, unter dem Vorwand, sie zu stellen, als ob nicht das
populistische Monster so erst gezüchtet würde, von dem
dann ein paar Jahre und Gewaltexzesse später auf einmal
staunend bemerkt wird, dass es doch nicht so kuschelig-bür-
gerlich war. Die Radikalität, die von Anfang an ideologisch
und organisatorisch erkennbar ist, wird nachträglich als un-
vorhersehbarer Prozess einer Radikalisierung umgedeutet.
Alles andere würde nämlich heißen, dass man sich in diesem
Wir-dürfen-niemanden-ausgrenzen-Gestus geirrt und zum
unfreiwilligen Komplizen der Normalisierungs-Ambitionen
der radikal Rechten gemacht hat.

Was mir wirklich Angst macht, ist, dass nichts gelernt worden sein könnte, dass sich alles wiederholt, dass eine offene,
demokratische, solidarische Mehrheit verdrängt und belä-
chelt wird, weil sie nicht schrill genug ist, nicht exotisch
genug, dass die demokratische Mehrheit der Gesellschaft
erneut unterrepräsentiert wird, weil Vernunft keine geile Äs-
thetik generiert, weil Gemeinsinn als spießiger Quotenkil-

ler gewertet wird, weil aufgeklärte Skepsis oder reale soziale Angst weniger gelten als alkoholisiertes Polit-Geprotze, revisionistischer Tabubruch oder Covid-19-Komplott-Geraune.

Donnerstag, 14. Mai 2020

»*Der Agitator bemüht sich gar nicht, objektiv auf die Unzufriedenheit und das Missbehagen seiner Zuhörer einzugehen, vielmehr präsentiert er deren Beschwerden in einem verzerrenden, fantastischen Prisma.*«

Leo Löwenthal, Falsche Propheten –
Studien zum Autoritarismus

Es ist verblüffend, wie gegenwärtig sich Leo Löwenthals grandiose Analyse der faschistischen Argumentationsmuster in Amerika aus dem Jahr 1948 immer noch liest. Es wird heller, wenn man mit Löwenthal denkt. Bei allem, was in dieser Untersuchung an den konkreten historischen Kontext gekoppelt ist, was sich nicht übertragen lässt, so schärft »Falsche Propheten« doch den Blick für die Strategien und Techniken der Agitatoren der Hygiene-Demos, diese neuen-alten Ideologen, die gerade die nächste Verunsicherung, die nächste »gesellschaftliche Malaise« für ihre politischen Zwecke kapern.

Es ist »der Versuch, die bei seinem Publikum existierende Desorientierung zu verstärken, indem er alle rationalen Demarkationen verwischt und stattdessen spontane Aktionen vorschlägt.«

Die falschen Propheten interessieren sich nicht dafür, die objektiven Ursachen der sozialen Unzufriedenheit oder Hilflosigkeit zu benennen und gar zu beheben, es geht ihnen allein um das Triggern emotionaler Komplexe, die sich aufnehmen, vertiefen und kanalisieren lassen. Das ist vielleicht das Widerlichste an den Propheten der Gegenwart: dass sie sich für die begründeten Ängste und Nöte der Menschen inmitten der Krise der Pandemie gar nicht interessieren, in Wahrheit interessieren sie sich noch nicht einmal für die komplexen Elemente und Ursprünge der Pandemie, solange sie ihnen als narratives Vehikel dient für ihre gewalttätige Vision vom »Tag X«.

Die Agitatoren, damals wie heute, geben sich in ihren Erzählungen besessen vom angeblich nahenden Untergang. Nie ist es eine einfache Not, die niemandem zu Last gelegt werden kann, nie ist es eine bloße Tragödie, die niemand verschuldet hat, nie ist es ein heilloser Schlamassel oder ein Unglück. Die falschen Propheten brauchen einen Feind, den ultimativen Verursacher allen Elends in der Gesellschaft, eine Art unbewegten Beweger, der für alles verantwortlich gemacht werden kann, ob es existiert oder nicht, ob es real ist oder eingebildet, der Feind muss dabei unbarmherzig und trügerisch sein, mächtig, aber dann doch auch überwindbar.

»Der Appell des Agitators basiert auf seiner ambivalenten Einstellung zu den angeblichen Eigenschaften des Feindes: Die Anhäufung von hemmungslosen Scheußlichkeiten gibt dem Anhänger zu verstehen, dass er sich in einer Krisensituation auch nicht mehr Hemmungen aufzuerlegen brauche als der Feind.«

Darum geht es den falschen Propheten im Wesentlichen: eine Geschichte der drohenden Katastrophe zu erfinden, in der jede Gewalt als Notwehr und jeder Rechtsbruch als Verteidigung der Freiheitsrechte behauptet werden kann. Diese Agitatoren lassen sich nicht »entlarven«, sie lassen sich nicht durch »kritisches Nachfragen« bloßstellen, nicht zuletzt weil es längst geschlossene, mythische Weltbilder sind, die sie suggerieren, weil es längst eigene Kommunikations-Kanäle sind, auf denen sie ihre semi-religiösen Phantasien ohne lästige Disruption von »außen« propagieren.

Warum also, wenn sie ihre eigene inzestuöse Öffentlichkeit auf »Youtube« oder »Telegram« haben, warum also, wenn ausländische Akteure die Verschwörungsmythen um Corona systematisch nähren, wenn Portale wie RT und rechtsradikale Blogs Desinformation zur Pandemie mit antidemokratischem, rassistischem Ressentiment koppeln – warum soll ihnen zusätzlich naiv-komplizitär Aufmerksamkeit zuteil werden?

Dieses Journal ist insofern ein einziger Selbstwiderspruch. Über ein soziales Phänomen zu schreiben, damit es weniger sichtbar wird, ist grotesk kontraproduktiv. Aber wenn die alten Fehler der Normalisierung und Legitimierung anti-demokratischer, antisemitischer, rassistischer Positionen nicht wiederholt werden sollen, braucht es eine Analyse der Angst, die sie jenseits des Wahns, jenseits der Verschwörung, jenseits der nationalistischen Paranoia verortet.

Das haben diejenigen verdient, die sich seit Wochen an alle Regeln halten, die mit den Einschränkungen hadern, weil sie sie für zu weitreichend, zu grundrechtswidrig halten, das haben diejenigen verdient, denen jeden Tag die Einnahmen und die Existenzgrundlagen schwinden, das haben diejenigen verdient, die sich zurückhalten mit sozialen Begegnungen, auch wenn es bitter schwerfällt, das haben diejenigen verdient, die trauern, weil sie einen geliebten Menschen durch Covid-19 verloren haben, und die dennoch all diese Lasten aushalten, die dennoch ihre Skepsis und ihre Kritik mit Gründen fundieren, das haben diejenigen verdient, die sich um ihre Kinder und Enkel sorgen, um ihre Eltern und Großeltern, die ihre Freundesfamilie vermissen, das haben diejenigen verdient, die sich verausgaben für andere in diesen Wochen, in den Kliniken, in den Gesundheitsämtern, in den Redaktionen (wenn sie denn noch in Redaktionen arbeiten und nicht zuhause), auf dem Bau, in der Landwirtschaft, in den Schulen und übrigens auch im Parlament, in den Ministerien, den Städten und Gemeinden, das haben alle diejenigen verdient, die mit der Pandemie und den sozialen, psychischen, ökonomischen Folgen ringen, aber die sie nicht instrumentalisieren für ihre schäbigen Gewaltphantasien.

Die Krise der Pandemie ist derart komplex, sie greift auf so vielen Ebenen ein in unsere epistemischen, sozialen, kulturellen Gewissheiten und Gewohnheiten, sie legt alle Schwächen unserer Lebensform bloß, sie zwingt uns, ökologische und ökonomische Rücksichtslosigkeiten einzugestehen, die bequem-tolerierte Ausbeutung von Mensch und Natur als bloßem Arbeitsmaterial oder bloßer Ressource nicht länger zu dulden, sie entlarvt alle unerfüllten Gleichheits-Versprechen, ob unter Geschlechter- oder Klassen- oder Herkunfts-Perspektive, diese Krise ist so real, so umfassend, so tiefgreifend, da dürfen wir keine Zeit verlieren mit denen, die sie leugnen. Die Zeit haben wir nicht.

Löwenthal findet ein wunderbares Bild für die absichtsvoll destruktive Methodik der falschen Propheten, die behaupten, sich der gesellschaftlichen Not anzunehmen, um sie nur zu vergrößern. Er beschreibt das soziale Unbehagen als Hautkrankheit, die das instinktive Bedürfnis auslöst, sich zu kratzen. Jeder gute Arzt würde nun raten, dem Juckreiz zu widerstehen, und versuchen, die Ursache zu entdecken. Denn gibt der Patient dem Kraftbedürfnis nach, würde der Juckreiz sich nur steigern.

»Dieser irrationale Akt der Selbstverstümmelung wird ihm zwar eine gewisse Erleichterung verschaffen, verstärkt aber gleichzeitig sein Bedürfnis zu kratzen und verhindert eine erfolgreiche Heilung. Der Agitator rät zum Kratzen.«

Freitag, 1t. Mai 2o2o

Diese Woche war etwas ungewöhnlich. Ein einziges Motiv, das sich in verschiedenen Variationen und Durchführungen durch alle Tage gezogen hat. Nicht unterbrochen, nicht versetzt mit etwas Anderem, Leichterem. Diese Woche war nur ein langgezogenes Nachdenken über die Angst. Anders ging es diesmal nicht. Nächste Woche wird wieder anders. Versprochen. Jetzt freue ich mich auf das Wochenende. Am Sonntag lerne ich Boule spielen. Mein Freund Christian hat mir versprochen, dass er mich so weit bringt, dass ich eine Pariser Freundin damit beeindrucken kann, das wäre natürlich ganz großes Kino, vielleicht beginnen wir auch erstmal damit, dass ich die Nerds vom Kreuzberger Boule Club bluffen kann, das wäre auch schon ganz hübsch. Vermutlich beginnt die Lektion damit, dass ich kapiere, was eigentlich der Unterschied zwischen Pétanque und Boule ist. Oder warum das vor allem nicht mehr ganz so junge Männer spielen. Aber gut. Vielleicht steige ich bei meinem Boule-Mentor nicht gleich mit der Frage ein. Jedenfalls freue ich mich riesig darauf. Weil es Christian schon erwischt hat und er lange mit Covid-19 flach lag, ist die Boule-Stunde vermutlich auch unbedenklich. Angstfrei. Maske werde ich trotzdem tragen. Aber endlich wieder einen geliebten Menschen zu sehen, etwas gemeinsam zu tun und dabei still zu sein oder zu sprechen, aber jedenfalls einen Hauch von normalem Leben zu spüren, das wird herrlich. Und weil da die Assoziation zu Paris schon so nahe liegt, ist meine Empfehlung fürs Wochenende auch die passende Musik dazu: die live Aufnahme des Konzerts von Bill Evans, Marc Johnson und Joe LaBarbera im »*Espace Cardin*« in Paris aus dem Jahr 1979. Das ist immer noch eine Aufnahme, die mich komplett in ihren Bann zieht, die jedes Mal wieder verzaubert und beglückt, weil dieses Trio so intim zueinander und miteinander spielt, als ob sie vergessen hätten, dass ihnen jemand zuhört. Passen Sie auf sich auf und bleiben Sie zu Haus.

Montag, 18. Mai 2020

»*We entered silence*
before the clock struck«

Audre Lourde, Suspencion

Nun schreibe ich in der neunten Woche an diesem Journal. Als ich begann, wusste ich nicht, wie viele Menschen in meinem Umfeld erkranken würden, ob Covid-19 womöglich ein Phänomen bliebe, das sich mehr oder weniger distanziert analysieren ließe. Mittlerweile sind zwei Väter von Freundinnen und die Tante eines Freundes gestorben daran, der Vater einer anderen Freundin liegt seit sieben Wochen auf der Intensivstation und wird gerade vom Beatmungsgerät entwöhnt, in meinem Freundeskreis gibt es noch ein inzwischen genesenes Elternpaar und fast ein Dutzend gleichaltrige oder jüngere Freund*innen, die es sehr heftig oder weniger heftig erwischt hat – aber die die Krankheit überstanden haben. Damit das kontextualisierbar ist: bis auf die Tante, die in Beirut, im Libanon, gestorben ist, und den Vater, der auf der Intensivstation in Antakiya, in der Türkei, liegt, waren und sind alle anderen hier in Deutschland. Als ich an dem Journal zu schreiben begann, habe ich versucht, türkische Wörter zu lernen und sie täglich in mein Notizbuch geschrieben. Dass ich einmal Namen notieren könnte von Infizierten oder Toten, wollte ich mir nicht vorstellen. »*üzgün*«, traurig.

Wenn über Covid-19 gesprochen wird und man erwähnt, Menschen zu kennen, geliebte, feine, gute Menschen, die daran gestorben sind, dann kommt mitunter reflexhaft: »Aber die war schon alt, oder?« oder »Aber der war schon krank, oder?« – Wie bitte? Ich bin nie schnell genug, um darauf zu antworten. Ich stehe staunend vor dem, was eine solche Frage alles impliziert. Vermutlich wirkt mein blödsinniges Schweigen, als wäre ich einverstanden, mit dieser Art über Menschen zu reden, als scherten auch mich die Tode von Menschen nicht mehr. Es ist dieselbe Lähmung, die homophobe Kommentare oder rassistische Witze in mir auslösen. Nie gelingt es mir, in der Situation sofort zu widersprechen. Ich hinke immer hinterher. Nie fällt mir etwas ein, das witzig genug wäre (witzig muss es sein, sonst klänge man ja »humorlos«, was Intellektuellen, noch dazu Frauen, ohnehin so stereotyp angedichtet wird wie Juden das »gierig«). Oder lässig genug (lässig muss es sein, sonst klänge man ja »betroffen«). Witzig und lässig. Das wär's. Aber schnell, nicht langsam. Maren Kroymann oder Margarete Stokowski können das bestimmt. Die haben bestimmt immer eine Antwort parat. Zack. Ich dagegen denke: »Sieben Fehler sind in diesem Bild«, und während ich mich noch frage, mit welchem Irrtum als erstes aufzuräumen wäre, ist die Situation auch schon verschleppt. Schriftlich bin ich schneller. Vielleicht weil ich dann sicher bin, mich nicht verhört zu haben, vielleicht weil mir dann die anerzogene Höflichkeit nicht in die Quere kommt. Aber man kann ja schlecht mitten im Gespräch sagen: »Könnten Sie den Satz bitte nochmal per sms wiederholen?«

Was also soll das heißen: »Aber die waren schon alt«? Da sind Menschen gestorben, ob nun mit 60 oder mit 70 oder mit 80, und sie wären ohne Covid-19 *nicht* gestorben, nicht jetzt, vielleicht wären noch sechs Wochen, vielleicht noch sechs Monate, vielleicht noch sechs Jahre geblieben, Zeit, die hätte gelebt und geteilt werden können, Zeit, die hätte glückliche, versöhnliche oder auch nur klärende Momente bergen können. Selbst wenn sie am selben Tag an etwas anderem gestorben wären, wäre der Abschied ein anderer gewesen. Es wäre überhaupt ein Abschied möglich gewesen.

Was soll das heißen: »Aber die waren schon alt«? Dass es hier nichts zu trauern gibt? Dass einen diese Abschiede ohne Abschied nicht verfolgen? Dass einen die Bilder, die man nicht gesehen hat, weil man nicht dabei sein durfte, nicht nachts heimsuchen? Dass es einem nicht das Herz bricht, sich jemanden allein vorzustellen? Dass ein älterer Mensch, der einen das ganze Leben begleitet hat, einem nicht entsetzlich fehlt? Dass nur junge Menschen schmerzlich weggerissen werden können? Dass in Zeiten der Pandemie die Toten hierarchisiert und verrechnet werden müssen? Bei Jüngeren lohnt es, den Tod zu beklagen, bei Älteren gehören die Verluste eingepreist und abgeschrieben? Meine Güte, was stimmt mit denen nicht, die so fragen?

Früher, vor wenigen Wochen und Monaten noch, hätte es gereicht zu sagen: ein Mensch ist allein und ohne Familie in einer Klinik gestorben, und die normale Antwort des Gegenübers wäre irgendeine Form der Anteilnahme gewesen, die Bereitschaft mitzufühlen, hin zu der Trauer um einen Menschen. »*başın sağolsun*«, mein Beileid, wäre das Minimum gewesen. »*yıldızlar yoldaşı olsun*«, »Mögen die Sterne seine Wegbegleiter sein«. Es wäre selbstverständlich gewesen, sich nach dem Leben zu erkundigen, das da zu Ende ging, nach dem Glück darin, den Beziehungen oder Aufgaben, die übrig blieben. Es wäre normal gewesen, etwas Tröstliches zu sagen. »*ışıklar içinde uyusun*«, »Möge er bei Licht schlafen«. Vielleicht hat das Türkische einfach berührendere Worte der Trauer. Früher, vor wenigen Wochen und Monaten noch, hätte es gereicht zu sagen: ein Freund ist schwer erkrankt, und die normale Antwort wäre irgendeine Form des Mitgefühls gewesen, »Wie geht es ihm?«, »Wie schlimm ist es?«, irgendetwas in der Art wäre selbstverständlich gewesen.

Jetzt sind gerade mal ein paar Wochen Pandemie und es ist nichts mehr übrig als: »Aber die war schon alt, oder?«, als ob die Sprache des Mitgefühls verödet wäre, als ob es nur darum ginge, sich selbst zu beruhigen, als ob das Alter der Toten eine Variable in einer narzistischen Formel wäre: sind die Toten älter oder vorerkrankt, ist die Gefahr für das eigene (jüngere) Leben geringer. Was stimmt mit denen nicht, die das Leid anderer allein danach taxieren, ob sich daraus eigenes Leid ergibt, als ob es *als* Leid anderer keinerlei, wirklich keinerlei Rolle mehr spielte? Man fragt sich, wie diese Menschen erst emotional verkrüppeln, wenn so eine Krise mal Jahre anhält, wenn es mal wirklich ans Eingemachte ginge.

Überall in der Stadt stehen nackte Litfaß-Säulen und künden von nichts. Kein Konzert, kein Film-Start, keine Ausstellung, für die sich werben ließe. Die traurigen Plakate, die wochenlang noch etwas anpriesen, das schon längst abgesagt war, sind überklebt. Aber die weißen Flächen haben nun denselben Effekt, sie zeigen, was verloren ist.

Dienstag, 19. Mai 2020

»*Was strukturpolitisch falsch ist, kann konjunkturpolitisch nicht richtig sein.*«

Ottmar Edenhofer –

Endlich. Endlich ein Horizont für Europa. Endlich in all dem Elend und der Angst der Pandemie eine großartige Nachricht. Ich kann mich nicht erinnern, wann ich mich in jüngerer Zeit über ein politisches Ereignis, einen Vorschlag, eine Perspektive derart gefreut habe. Endlich gibt es eine transnationale Initiative von Merkel und Macron, die nicht nur kurzfristig, nicht nur provinziell, sondern langfristig und eben europäisch denkt. All die Jahre wurde gefordert und postwendend abgelehnt, all die Jahre wurde um das Tabu der gemeinsamen Schuldenaufnahme in Europa gerungen – und nichts geschah. Irgendwann schien es nicht mehr um Argumente, sondern nur noch das Festhalten an einer einmal eingenommenen Position zu gehen, irgendwann wurde nicht einmal mehr geprüft, ob sich Zustimmung in der Bevölkerung oder Mehrheiten in den Parlamenten finden ließen, irgendwann galt als ausgemacht, dass kein Land die eigene Bonität an den Finanzmärkten zum Wohle anderer einsetzen wollen könnte, irgendwann galt als sicher, dass Europa nur noch stagnieren oder auseinanderdriften, aber nicht mehr enger integriert und tiefer demokratisiert werden könnte. Irgendwann wurde mehr in den nationalen Öffentlichkeiten mit müden Ressentiments um populistischen Zuspruch gebettelt, als in der europäischen Öffentlichkeit für eine transnationale Gemeinschaft mit Leidenschaft und Gründen plädiert.

Und nun gibt es endlich einen Durchbruch und die Einsicht, dass sich die historischen Fehler der Finanz- und Bankenkrise nicht wiederholen dürfen, dass ein Staat nicht in endlosen Zirkeln aus Schulden- und Austeritätszwängen gefangen und ausgehöhlt werden darf, weil das nicht nur eine Gesellschaft sozial versehrt und erniedrigt, sondern auch weil es ökonomisch nicht nachhaltig ist. Immer weitere Kreditaufnahmen, zu immer schlechteren Zinskonditionen bei gleichzeitigen als »Reform« etikettierten Deregulierungs-, Privatisierungs- und Sparpflichten, diese brutale Rezeptur hat schon jene Länder des globalen Südens beschädigt, denen der IWF diese Forderungen auferlegt hatte. Zu was das führt, lässt sich gerade in diesen Wochen unter anderem in Ecuador (*https://www.nytimes.com/2020/04/08/world/americas/ecuador-coronavirus.html*) erkennen, wo im vergangenen Jahr so massive Kürzungen und Entlassungen im Gesundheitswesen durchgesetzt wurden, dass es nun in der Krise der Pandemie dramatisch an Strukturen und Personal fehlt.

Endlich mehr als nur gedankenreiche Tatenarmut in Europa. Endlich mehr als Reden über Prinzipien und Werte, deren Wert darin besteht, dass sie niemanden etwas kosten. Endlich wirkliches Engagement und eine Vision, für die zu argumentieren sich lohnt: ein Wiederaufbau-Fonds, der auf die Covid-19-Pandemie und ihre wirtschaftlichen und sozialen Folgen reagiert. Und endlich wird für diesen Fonds auch eine gemeinsame Kreditaufnahme an den Märkten vorgeschlagen. Noch dazu: die Gelder werden als Zuschüsse an die betroffenen Regionen und Sektoren in Europa verteilt, nicht als Kredite.

Endlich ist das selbstzerstörerische Tabu kassiert. Damit das nicht so richtig eingestanden werden muss, wird der politisch sensationelle Aufbruch in so zögerliche Sprache verpackt und der eigene Mut absichtsvoll verschleiert. Es könnte sonst auffallen, dass sich da ein Horizont auftut für ein tiefer verbundenes Europa der Offenheit und Solidarität. Es könnte zu dynamisch, zu inklusiv, zu historisch wirken. Deswegen werden allerlei kleinteilige Erläuterungen beigemischt. Das klingt dann so:

»Die Mittel des Fonds zur wirtschaftlichen Erholung werden gezielt eingesetzt, um den Herausforderungen der Pandemie und ihren Nachwirkungen zu begegnen. Er wird eine ergänzende Ausnahmebestimmung sein, verankert im Eigenmittelbeschluss, mit klar festgelegtem Umfang und Befristung und geknüpft an einen verbindlichen Rückzahlungsplan über den gegenwärtigen Mehrjährigen Finanzrahmen hinaus, über den EU-Haushalt.«

Mensch, Kinders, etwas mehr rhetorische Passion für die
EU wäre auch möglich. Dass solche Entwürfe juristisch und
fiskalisch haltbar sein müssen, ist schon klar. Aber etwas
mehr emotionale Kraft wäre, bei allem Verständnis für die
Müdigkeit der Beteiligten, schon drin gewesen. Vielleicht
sogar etwas Stolz. Es muss ein Ende haben mit diesem per-
manent-ängstlichen Blick auf die neovölkischen Nationalis-
ten und ihren anti-europäischen Diskurs. Wer von Europa
überzeugt ist, bei aller Kritik, bei allem, was nicht ausreicht,
bei allem, was nicht gerecht genug, nicht ökologisch, nicht
demokratisch genug ist, muss dafür endlich richtig in den
Ring steigen. Und zwar in den europäischen, nicht nur den
im eigenen Wahlkreis. Keine ernsthafte Regierung kann
sich dieses gockelige Gepluster für Applaus von den nationalistischen Rängen noch leisten. Es zählt längst nicht mehr
nur die lokale Arena, sondern es zählt eben die europäische
Öffentlichkeit, in der Anerkennung und Unterstützung
verdient werden will. Die wechselseitige Verwundbarkeit
ist nun auch den vorletzten Regierungen des europäischen
Nordens augenfällig geworden – da können die Niederlande
und Österreich ihre schäbigen, innenpolitischen Spektakel
noch ein wenig weiter treiben, aber auch sie wissen, dass
von mehr Gemeinsinn in Europa letztlich alle profitieren.

Das eigentlich Attraktive der europäischen Wiederauf-
bau-Initiative liegt aber in den Präzisierungen, in denen
formuliert wird, wie die wirtschaftliche Erholung mit ökologischen Ambitionen und (wenn auch etwas zögerlicher)
mit sozialen Standards verkoppelt werden soll. Es wäre eine
katastrophale Folge der Pandemie, wenn sie einzelne Staaten

oder Regionen dazu animierte, die vereinbarten Klimaziele und die dafür nötigen, langfristigen Transformationen und Investitionen einfach auszusetzen. Als wäre da nicht schon lange genug gebremst und verhindert worden. Das ist global eine akute Gefahr, dass unter dem Druck ökonomischer Not manche Staaten nurmehr in alte fossile Muster, traditionelle Formen der Ausbeutung natürlicher Ressourcen, gewohnheitsmäßige Zerstörung der Biodiversität zurückfallen.

Wer nur auf die gegenwärtigen CO_2-Emissionen in der aktuellen Krise schaut und glaubt, darin eine strukturelle Veränderung zum Besseren zu erkennen, irrt leider. Es gibt keinerlei Grund, sich zu entspannen. Im Gegenteil. Das »Global Carbon Project« hat rekonstruiert, wie sich verschiedene historische Krisen auf die CO_2-Emissionen auswirken. Es zeigt sich, ob bei der ersten (1973) oder der zweiten Ölkrise (1979), dem Zerfall der Sowjetunion (1990/91), der Asienkrise (1997/98) oder der globalen Finanzkrise (2008/2009), immer war die Reduktion der Emissionen nur kurzfristig, immer folgte auf den krisenbedingten Einbruch nur ein steilerer Anstieg, keine strukturelle Veränderung oder Nachhaltigkeit.

Deswegen warnen Expert*innen vor kurzsichtigen Großprojekten, mit denen Regierungen glauben, ihre Wirtschaften besonders schnell stimulieren zu können: nicht nur der Bau von Straßen und Brücken könnte dann wieder als *passe-partout* ausgegeben werden, sondern auch Kohlekraftwerksprojekte, die auf Jahrzehnte hin binden und den fossilen Pfad festlegen. »Was strukturpolitisch falsch ist, kann konjunkturpolitisch nicht richtig sein,« sagte der Direktor des Potsdamer Instituts für Klimafolgenforschung in einem Interview mit dem Handelsblatt, in dem er auch davor warnte, dass in der Folge der Pandemie die Klimapolitik international wieder infrage gestellt werden könnte.

Deswegen ist es so wichtig, dass der europäische »Recovery-Fund« die »Beschleunigung des Green Deal und der Digitalisierung« als Kernstück hat. Es wird nicht nur vorgeschlagen, das Emissionsreduktionsziel für 2030 zu erhöhen, sondern auch die Einführung einer CO_2-Mindestbepreisung im Rahmen des europäischen Emissionshandelssystems zu unterstützen und auch ein sektorenübergreifendes Emissionshandelssystem zu entwickeln.

Na also, geht doch.

In der Covid-19-Pandemie machen weltweit alle die nicht wirklich überraschende, aber bittere Erfahrung, dass Gefahren, die schon zu antizipieren sind, die sogar schon Spuren zeitigen, nicht durch Verleugnung aufgehalten werden können. In dieser Pandemie lernen alle, dass vorausschauend medizinische Risiken vermindert werden müssen, wenn nicht die nachfolgenden humanen, sozialen, ökonomischen Kosten fatal werden sollen. In dieser Pandemie lernen alle, was Prävention bedeutet. Wer die Dringlichkeit der ökologischen Transformation noch nicht verstanden hat, weil es dabei angeblich nur um die Vermeidung von etwas Späterem geht, wer glaubt, sich die notwendigen Modernisierungen und Investitionen in klimaneutrale Industrie oder nachhaltige Agrarwirtschaft sparen zu können, weil das angeblich nur Kosten produziert – der sollte an die Lektion dieser Pandemie denken.

Noch immer wird die Energiewende nur in bestimmten Sektoren (gerade mal in den Bereichen Strom, Wärme und Verkehr) als existentielle Aufgabe begriffen und diskutiert, aber in der Stahl-, der Chemie- oder der Zementindustrie bleibt die Vorstellung, wie emissionsärmer und nachhaltiger produziert werden kann, noch, nun ja, auffällig unscharf. Deswegen hat der so trocken formulierte Unter-Punkt der Merkel-Macron-Initiative (»für jeden Sektor einen Fahrplan für die ökologische Erholung erarbeiten«) richtig Potential. Spätestens an dieser Stelle denkt man, dass auch ein größeres Volumen des »Wiederaufbau-Fonds« wünschenswert gewesen wäre. Aber gut. Das ist für den Anfang schon richtig fein.

Ja, natürlich, das ist nur ein Entwurf. Nichts davon ist entschieden. Das muss jetzt erst mit allen anderen EU-Staaten besprochen, verhandelt, vielleicht an einzelnen Stellen abgeschwächt werden. Aber diese Woche freue ich mich nur. Es ist eine solche Erleichterung, dass dem nationalistischen Reflex widerstanden wurde, dass sich nicht diese kurzsichtige Herablassung und Demütigung anderer durchgesetzt hat. Es wäre unverzeihlich, wenn in dieser Krise Europa sich weiter entsolidarisiert hätte, anstatt sich einander zuzuwenden und wechselseitig zu stützen. »*aydın*«, fällt mir dazu auf Türkisch ein, hell, aufgeklärt. Oder: »*mutluyum*«, ich bin glücklich.

Mittwoch, 20. Mai 2020

»Man muss etwas Neues machen,
um etwas Neues zu sehen.«

Georg-Christoph Lichtenberg, Aphorismen

Nun gelten die Lockerungen schon eine Weile, viele Lebensbereiche, die lange geschlossen waren, sind wieder zugänglich, es soll wieder re-normalisiert werden, Geschäfte, Spielplätze, Restaurants, Museen und Zoos öffnen nach und nach, die Fußball-Bundesliga ist, zuschauerfrei, gestartet, aber auf Theater, Konzerte, Opern muss immer noch verzichtet werden. Bis Ende August gelten in den meisten Bundesländern noch die Beschränkungen für Großveranstaltungen. Was danach geschehen soll, wie mit Abstand gespielt oder gesungen oder getanzt werden soll, wie auf der Bühne, im Orchestergraben oder auch nur beim Einlass für die Zuschauerströme eine sichere, andere Normalität aussehen soll, darüber brüten alle, die das Theater und die Musik lieben, deren Leben bislang darin bestand, abends in einem vollen Haus aufzutreten, mit anderen zusammen sich zu verausgaben, sich zu berühren, anzuschreien, einander zuzuflüstern, neben- und zueinander zu singen und zu musizieren.

Ich habe mich bei Matthias Schulz, dem Intendanten der Staatsoper Unter den Linden eingeladen, um zu erfahren, wie der Opernbetrieb unter der verordneten Stille leidet, aber auch, welche Strategien es für die nächste Spielzeit gibt (und ein klitzekleines bisschen auch, um in diesem magischen Ort einmal herumstromern zu dürfen). Schaut man online auf das Programm der Staatsoper, lässt sich der Schmerz schon herauslesen: auch nach Monaten des Lockdowns, auch für die Monate, die das Haus definitiv geschlossen sein wird, sind da immer noch alle Tage aufgelistet, noch immer ist zu sehen, was es hätte geben sollen, was nicht gespielt werden kann: heute, Mittwoch, 20. Mai, Don Giovanni, »Vorstellung entfällt wegen Corona«, Donnerstag, 21. Mai, Fidelio, »Vorstellung entfällt wegen …«, Freitag, 22. Mai, Tosca, »Vorstellung entfällt …«, …, jeder Tag ein Stich ins Herz, das geht so bis zu »Sacre« mit Musik von Debussy, Berlioz und Strawinsky, am 27. August, der reguläre Vorverkauf dafür soll am 13. Juni beginnen.

»Man merkt, was passiert, wenn die Menschen in der Oper kein Ziel haben, auf das sich hinarbeiten lässt,« erzählt Matthias Schulz in seinem lichtdurchfluteten Büro, »der natürliche Rhythmus ist einfach unterbrochen.« Das sei eine enorme Belastung für alle, aber nicht für alle gleich. »Eine Oper ist ein komplexes Ökosystem«, sagt Schulz und fächert differenziert auf, wie die Pandemie verschieden abgesicherte oder ungeschützte Akteure in der Opernwelt eben verschieden hart trifft: wer als internationaler Weltstar um die Welt reist, ist anders getroffen, als wer als Ensemble-Mitglied über einen festen Arbeitsvertrag an einem Opernhaus verfügt. Wiederum anders bedroht ist, wer als freie Tänzer*innen arbeitet, wo einige abgesagte Auftritte mit dem entsprechenden Gagenausfall schon existentiell sein können. »Natürlich ist die Angst zu spüren, bei den Orchestern, den Künstler*innen, manche werden dystopisch in dieser Krise.«

Die vielbeschworene Digitalisierung, das extensive Angebot an Theater- oder Opernaufführungen online, die Euphorie über die sensationellen Zugriffszahlen, die alle Häuser bei diesen digitalen Formaten in den vergangenen Wochen erlebt haben, reflektiert Schulz so besonnen wie kritisch. Natürlich sei es wunderbar zu sehen, wie viele Menschen die digitalen Möglichkeiten wahrnehmen wollten, aber um Menschen tatsächlich an klassische Musik und die Oper zu binden, dafür brauchte es doch immer noch das sinnliche Erlebnis. »Oper ist eben auch eine große Reise«, sie verlangt wirkliche Fokussierung, über Stunden, sie lässt sich nicht wegklicken oder vorspulen, das ist das große Geschenk: dieses kollektive, authentische Erleben der Musik.

Seit dem 5. Mai gibt es eine Stellungnahme, die eine Forschungsgruppe um Stefan Willich, den Direktor des Instituts für Sozialmedizin, Epidemiologie und Gesundheitsökonomie an der Charité, vorgelegt hat und die auf Initiative der sieben Berliner Klangkörper (die Berliner Philharmoniker, das Deutsche Symphonie-Orchester Berlin (DSO), das Konzerthausorchester Berlin, die Orchester der Deutschen

Oper Berlin und der Komischen Oper Berlin, das Rundfunk-Sinfonieorchester Berlin (RSB) und die Staatskapelle Berlin) zurückgeht. Das Team um Willich hatte untersucht, welche Voraussetzungen aus medizinischer Sicht erfüllt sein müssten, damit Orchester wieder zusammen proben und spielen können. Dafür hatten sie die Eigenheiten verschiedener Instrumente evaluiert, es wurden Bewegungen, Sitzordnungen, Atembewegungen geprüft. Bei der Frage, wie sich Atemluft bei Blasinstrumenten im Raum verteilt, stellte sich erstaunlicherweise die Querflöte als virologisch eher bösartiges Instrument heraus. Die Empfehlungen sahen letztlich unterschiedliche Abstandsregeln für verschiedene Orchesterreihen vor: Streicher, Schlagzeuger und Tasteninstrumente sollten mit 1,5 Metern Abstand zueinander sitzen, Bläser allerdings mit zwei Metern. Für die Dirigenten wurden unterschiedliche Distanzen vorgegeben, je nachdem, ob es sich um ein Konzert handelt oder um eine Probe, bei der auch gesprochen wird.

Auf dem Papier liest sich das fabelhaft. Es beruhigt auch. Endlich vermittelt diese Studie eine Perspektive, gibt einem nach Monaten der Ohnmacht eine Handlungsoption, wie sich aus der verordneten Erstarrung heraustreten und wieder in die Arbeit, ins musikalische Leben, auf die Bühne zurückkehren lässt. Es ist einfach nicht auszuhalten, dieses Warten, diese Unsicherheit, diese Hemmung der Lust zu musizieren.

Dann lädt der Intendant ein, doch in das Operngebäude selbst zu schauen, damit sich die konkreten Bedingungen des Spielbetriebs auch im Raum, auf der Bühne, im Saal begreifen lassen. Und so beginnt eine Tour durch alle Geschosse und Tunnel, über alle Hinterbühnen und Logen, über alle Stockwerke und Balkone hinweg – und je länger diese Wanderung durch die Oper dauert, desto komplizierter und anspruchsvoller wird das, was da so simpel und fröhlich »Öffnung« genannt wird. »Der Lockdown war vergleichsweise einfach,« sagt Matthias Schulz, »ein rationaler Wiedereinstieg ist richtig schwer, weil das viel-dimensional ist.«

Er lässt sich die Zuversicht nicht nehmen, zu groß ist die Sehnsucht nach der Rückkehr zur Musik. Aber einmal wirklich in dem Saal, einmal wirklich auf der Bühne, konfrontiert mit den realen Maßen und Abständen, wird einem doch mulmig. Ein paar hilfsbereite Techniker fahren den eisernen Vorhang hoch und lassen auch den Boden des Orchestergrabens herab, damit das Problem deutlich wird. Würden die Abstände so eingehalten wie empfohlen, könnten in dem begrenzten Raum des Orchestergrabens anstatt 120 ungefähr 50 Musiker*innen sitzen. Wie das Kollektiv des Chors angeordnet werden kann, ist noch eine ganz andere prekäre Frage. Wenn die üblichen Abstandsregeln für das Publikum gelten sollen, dann bedeutet das konkret: nur jede zweite Reihe darf belegt werden, zwischen besetzten Stühlen müssen jeweils zwei Plätze frei bleiben. Auf den ganzen Saal gesehen, blieben am Ende 328 Plätze übrig, für die Karten verkauft werden können – bei einer Kapazität von 1377. Wir schauen in das riesige leere Rund und versuchen uns auszumalen, wie das wirkt.

Natürlich wollen alle hier spielen, alle drängen danach, endlich wieder öffnen und musizieren zu können, aber die Details, auf die es ankommt, damit es wirklich umsetzbar ist, haben es in sich. Die Besucher*innen müssen so geleitet werden, dass sich nichts staut, keine unerwünschte oder riskante Nähe entsteht, die Kartenkontrolle muss umorganisiert werden – was den Einlass in die Oper verlangsamen wird. Es gibt keinen einzigen Moment in dem Gespräch, in dem Matthias Schulz klagt oder hadert mit den Vorgaben, die ganze Zeit über strahlt er Freude aus, als ob es eben in der Not etwas Neues zu probieren, etwas Neues zu entdecken gäbe. Aber er ist auch nicht naiv, wie schwer es werden könnte, so einen eingeschränkten, veränderten Spielbetrieb vor ausgedünntem Publikum durchzuhalten. Am schönsten sind die Momente, in denen wir über die Musik selbst sprechen, über das Repertoire, welche Premieren, welche Programm-Reihen mit welchen Künstler*innen in diesem Jahr noch anstehen, auf wen ich mich freuen darf, welche Tage ich unbedingt freihalten muss. Sie ist ansteckend, diese Vorfreude, und als ich zuhause wieder am Schreibtisch sitze, trage ich sie tatsächlich ein, die Barocktage in der Staatsoper im November, ob und wie sie dann stattfinden, weiß ich nicht, aber sobald der Vorverkauf beginnt, werde ich mir Karten reservieren.

Abends beim Gespräch über den nun mal mindestens geplanten Urlaub im Sommer, bei aller Unsicherheit, was bis dahin überhaupt möglich sein wird, erwähnt meine Freundin auffällig häufig, wie sehr sie sich auf die Freunde freut, die mit uns verreisen wollen. Ich erwäge kurz, ob ich fragen sollte, ob sie auch mit mir allein, ohne andere Menschen, verreisen würde, aber das ist mir nach monatelangem Lockdown doch etwas zu riskant als Frage. Und ich freue mich wirklich auch sehr auf unsere Freunde. Also bleibe ich still in der Deckung.

Donnerstag, 21. Mai 2020

Feiertag

Freitag, 22. Mai 2020

Das war eine schöne Woche. Am Wochenende will ich
nochmal Boule spielen. Die eine Stunde letzten Sonntag
war so beglückend, dass ich jetzt richtig angestachelt bin
und wieder spielen will. Die Kombination aus Feinmoto-
rik und Konzentration ist auch das ideale Gegenprogramm
zu dem unkonzentrierten Starren auf instabile Bilder bei
Zoom-oder-Skype-Konferenzen. Außerdem habe ich gerade
die Dokumentation »*The perfect shot*« über Dirk Nowitzki
auf Netflix gesehen, und mich in diese tiefe Bescheidenheit
verliebt. Wenn Sie es noch nicht gesehen haben, schauen Sie
sich diese Dokumentation an. Es spielt keine Rolle, ob sie
Sport mögen oder Basketball, sie müssen noch nicht einmal
je von Dirk Nowitzki gehört haben. Es ist ein Film über die
Demut, die es braucht, um in etwas wirklich gut zu werden, den Respekt, den es braucht vor einem Handwerk oder
einer Kunst oder einer Technik, ganz gleich, was für ein
Handwerk es ist, sich nie einzureden, schon alles zu können,
nie auf andere herabzusehen, die zu suchen, die etwas anderes wissen oder können als man selbst, nie zu glauben, man
sei sich selbst genug, sondern immer mit und für andere zu
denken und leben, es ist ein Film über die unbändige Lust
am Lernen, die auch im Scheitern, in der Niederlage, mit

Enttäuschungen nicht versiegt. Es gibt auch richtig was zu lachen. Wenn Dirk Nowitzki im Moment des Triumphes »*We are the Champions*« zu singen versucht, oder wenn Präsident Obama darüber lästert. Jedenfalls ist das ein schönes Programm fürs Wochenende, wenn Sie mögen. Passen Sie auf sich auf und bleiben Sie zu Haus.

Montag, 25. Mai 2020

»Wir würden überleben, aber ohne Berührungen,
ohne Haut.«

Paul B. Preciado, Ein Apartment auf dem Uranus.
Chroniken eines Übergangs

Es braucht nur Kleinigkeiten. Winzige Abweichungen dessen, was vorgesehen war. Irgendeine mikroskopische Irritation und schon ist alles dahin, schon bricht eine ungeahnte Verunsicherung aus, nicht nur: was geht, was erlaubt
ist, was gegen mich selbst oder gegen andere rücksichtslos
wäre, sondern auch: was ich möchte, womit ich mich wohlfühle oder was mir unheimlich ist. Wie instabil die wochenlang eingeübten Techniken der Selbst-Disziplinierung
sind, lässt sich erkennen, sobald etwas anders läuft als gedacht.

Heute regnet es. Regen war nicht abgemacht. Regen stand
nicht auf dem Programm. Ich liebe Regen seit meiner Kindheit, seit meine Großmutter behauptete, ich würde wachsen,
wenn ich beim Herumtoben draußen im Regen pitschnass

werde, und auch wenn ich schon lange nicht mehr wachse
und ahne, dass meine Großmutter ein klitzekleines bisschen
geschwindelt haben könnte, liebe ich ihn noch immer, Regen im Frühling und noch lieber Regen im Sommer, Wol-
kenbrüche, das Geräusch und den Duft, wenn alles feucht
ist und dampft. Aber heute nicht.

Heute wollte ich endlich, nach Monaten des Vermissens,
einen Freund wiedersehen. Bislang habe ich, so arg das
auch war, selbst zum Spazierengehen nur sehr wenige Menschen getroffen. Aber nun war es nicht mehr auszuhalten.
Wir wollten uns draußen auf einen Drink sehen und reden, also wirklich reden, so wie wir sonst vermutlich an der
Theke einer Bar gesprochen hätten, offen und vertraut, mit
Pausen, die niemandem unangenehm sind, ohne die eingeschränkte Rahmung eines Bildschirms, ohne die blecherne
Akustik, ohne die permanenten Unterbrechungen, weil die
Verbindung abreißt – sondern wirklich reden und hören,
wie es uns jeweils ergangen ist.

Und jetzt das. Regen. Draußen sitzen würde ausfallen.
Drinnen wäre aber eben drinnen. In einem geschlossenen
Raum. Mit anderen mehr oder weniger aufmerksamen Personen. Schon wird die Vorfreude unterlegt mit einer diffusen Angst. Das, was selbstverständlich sein könnte, ist es
nicht mehr, sondern muss in alle verästelten Eventualitäten
hinein durchdacht werden. Wie eng ist dieser Ort? Wie luf-
tig jener? Die Geschichten der Neuinfektionen durch Begegnungen in geschlossenen Räumen, ob in Niedersachsen
oder in Hessen, verunsichern doch sehr. Selbst wenn wir

definitiv nicht vorhaben, exzessiv zu singen oder gemeinsam zu beten. Aber alles das, was noch vor drei Monaten unsere Parameter des Sozialen waren, alles das, was unsere Begegnungen, unsere Zuwendung, unsere Körper, unser Sprechen zu anderen hin öffnete, hat in dieser Krise seine »Unschuld« verloren.

Wie das klingt. Als sei die Sprache repressiver Sittlichkeits- und Anstandscodes, mit denen deviante Lust und Körper abgestraft wurden, wieder zurück. Zwar mit anderen Begründungen, aber sie etablieren wieder eine Ordnung, die konventionell diszipliniert. Es gelten Reglementierungen, die nur jene Formen der Intimitäten als akzeptabel etikettieren, die sich mit einem gemeinsamen »Haushalt« verkoppeln lassen, all die anderen Räume, in denen sich Sehnsucht ausleben ließ, in denen sich fremde Körper begegnen konnten, all die anderen Berührungen, sind tabuisiert. Das Soziale ist nicht nur distanziert, sondern auch ent-materialisiert. Der Umzug ins Digitale entzieht dem Alltag die Körperlichkeit und bietet nur verklemmte Diskursivierung. Das zerstört nicht nur private, sondern auch öffentliche Begegnungen, in denen wir uns als Unbekannte einander annähern, um das übliche Fremdeln zu überwinden, um Interesse am Anderen zu signalisieren, um religiöse oder kulturelle Unterschiede als unbedeutend auszuweisen, um zu zeigen, dass keine Gefahr droht. All das hat sich verkehrt. Sobald wir Nähe nur denken, sobald sie im öffentlichen Raum entsteht, wirkt es beunruhigend.

*»Das Stück Fleisch
erregt die Gemüter der ruhigen Bürgerschaft«*

heißt eine Zeile in einem der grandiosen Text-Bilder der Künstlerin Eva Noack, die in dem Katalog »Eine Katastrophe hält was aus« gesammelt zu sehen sind. Noack komponiert Collagen aus Wort-Fundstücken, die poetische, witzige, bittere Geschichten eines pathologischen Alltags erzählen: irgendetwas ist immer aus den Fugen, irgendetwas passt nicht, ist verrückt oder verwandelt, irgendetwas verhindert das ver-

meintlich »Normale«, was es nicht gibt außer als Einbildung. Das ist so bezaubernd wie klug – und vor allem erstaunlich passend für die Krise der Pandemie, die noch nicht ausgebrochen war, als diese Textbilder entstanden.

»Das Stück Fleisch
erregt die Gemüter der ruhigen Bürgerschaft!
– eine Belästigung in das unbekannte Innere
Man kann sie an den Futterplätzen beobachten
Ein Fenster mit hässlicher Aussicht«

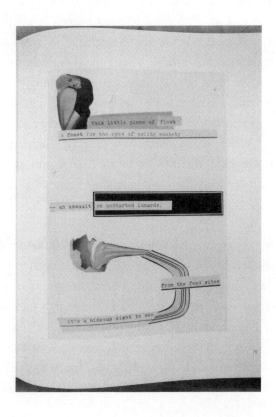

Wir haben als Futterplatz ein Restaurant ausgewählt mit viel Platz und wenigen Tischen. Wir sitzen an einem Fenster mit hässlicher Aussicht, einander gegenüber, erst mit Maske, dann ohne, und sind aufgeregt wie beim ersten date. Dabei ist meine Freude vermischt mit Sorge, was gefährlich sein könnte, vermischt mit Ärger, dass ich diese soziophobe Sorge nicht abzustellen weiß, vermischt mit der Irritation, wie wir uns so zügig verformen lassen konnten, dass uns alle Körperlichkeit, aber auch alle Spontaneität auf einmal verwirrt. Es ist ja nicht nur, dass wir seit Wochen auf Abstand konditioniert sind, sondern wir uns alles Spielerische, alles Anarchische versagen. Vielleicht ist das, was diese Pandemie als Langstrecke so anstrengend macht: dass sie uns zwingt, alles Unvorhergesehene, alles, was aus Übermut oder einfach aus Freude möglich wäre, mit Bedenken zu belegen. Vielleicht ist es das, was auf Dauer so bedrückend ist, dass uns das Leichte abhanden kommt. Vielleicht ist es das, was langsam auch so müde macht, die willentliche Selbstbeschränkung um alles, was unerwartete, lustvolle, widerständige Lebendigkeit sein könnte.

Wir versuchen uns zu erinnern, wann wir uns das letzte Mal gesehen haben (ich kann mich nicht einmal erinnern, wann ich das letzte Mal mit irgendjemandem in einem Restaurant war), im März?, im Februar?, ich kann nicht einmal entscheiden, was unwirklicher ist: sich so lange nicht gesehen zu haben oder sich jetzt endlich zu sehen. Es wirkt befremdlich alles. Nach und nach, mit der Zeit, die wir uns mehr und mehr entblättern, mit den Geschichten, die wir uns erzählen, mit dem Lachen und der Stille, stellt es sich wieder ein: das ganze tiefe Glück von Freundschaft.

Dienstag, 26. Mai 2020

»*The unspoken assumption (in an emergency) is that either one can think or one can act, and given that it is absolutely mandatory that an action be performed, thinking must fall away.*«

Elaine Scarry, Thinking in an Emergency

In Thüringen will Ministerpräsident Bodo Ramelow die weitreichenden Beschränkungen aufheben und plädiert für Freiwilligkeit in Zeiten von Corona tatsächlich mit dem Satz: »Vor HIV kann man sich auch nur ganz persönlich schützen.«

Da fällt mir nichts Höfliches mehr zu ein.

In London erklärt Dominic Cummings, der wichtigste Berater von Boris Johnson, dass es zwar Gesetze gebe, aber nicht für ihn, dass sich die Bürgerinnen und Bürger an alle Anordnungen zu halten hätten, dass sie sich einschränken müssten, sich nicht frei bewegen dürften, nicht ihre älteren Familien-Angehörigen besuchen, nicht Ausflüge machen, schon gar nicht, wenn sie infiziert sind, aber, nun, das seien eben Bürgerinnern und Bürger, offensichtlich nieder-rangige Wesen, nicht zu vergleichen mit jemandem wie ihm.

Man muss kein Fan von verlogenen Entschuldigungs-Auftritten von Politikern sein, die bei einer unübersichtlichen Orgie oder beim übersichtlichen Masturbieren abgelichtet wurden und die anschließend, neben sich die stumme Ehefrau als Deko, triefend ihre Reue erklären. Aber die eiskalte, offenherzige Verachtung für eine demokratische Gesellschaft, in der Regeln für alle gelten, wie Cummings sie präsentierte, ist schon spektakulär. Selten war jemand zu sehen, der so gleichgültig alles zugibt, was ihm vorgeworfen wird, alle Verletzungen der Auflagen, die er selbst mit verfasst hat, der so hemmungslos für sich Privilegien veranschlagt, als bewege er sich in einer extra-legalen Zone und nur der Plebs, der sich schon so leicht mit Halbwahrheiten und Lügen in den Brexit manipulieren ließ, könne so dumm sein zu glauben, er lebte in derselben Welt.

Es gibt zur Zeit unterschiedliche Arten, die Wirklichkeit der Pandemie zu leugnen. Der amerikanische Präsident scheint sie schlicht nicht zu verstehen. Zu komplex, zu vieldimensional ist das Virus und seine sozialen, ökonomischen, politischen Auswirkungen für die kognitiven Fähigkeiten dieses Gemüts. Die andere Version stellen Boris Johnson und Dominic Cummings dar: sie verstehen alles, aber es schert sie nicht, solange die bitteren Folgen auf andere umgeleitet werden können. Sie leugnen nicht die Krise, sie leugnen das Leid, das sie produziert. Das hat lange Tradition. Die Schmerzen, die Armut, die Verelendung der sozial Schwachen einfach auszublenden, gleichgültig zu sein gegenüber der Not anderer, das ist eine politische Haltung, die nur der sich gestatten kann, wer sicher ist, niemals für irgendetwas zur Verantwortung gezogen zu werden. Es ist der gespenstische politische Un-Ernst derer, die ihren sozialen und ökonomischen Status in der Gesellschaft unantastbar wissen, es ist das zynische Amusement einer Klasse, deren rücksichtslose Politik nur andere zu spüren bekommen. Sie leugnen noch nicht einmal die furchtbaren Verluste in dieser Krise, sie leugnen, dass sie damit irgendetwas zu tun haben könnten. »*Wash your hands, wash your hands*«, sagt Boris Johnson wie ein Mantra der Auto-Immunisierung gegen die Wahrheit, dass seine gut gelaunte Inkompetenz andere das Leben kostet und das Land (weiter) destabilisiert.

Nun regt sich erstmals Protest. Nun richtet sich die Wut, die ewig angefachte, gegen andere gelenkte Wut, auf einmal gegen Cummings selbst. Dem populistischen Meister ist sein liebstes Spielzeug, die Hetze, entglitten. Noch ist nicht entschieden, wie es ausgeht, aber es erinnert schon jetzt an den Esel aus den Fabeln von Äsop, der einmal vollbeladen mit Salz einen Fluss durchquerte und ausrutschte. Als er ins Wasser gefallen war und das Salz sich auflöste, freute sich der Esel, wie viel leichter seine Last geworden war. Einige Zeit später transportierte der Esel eine Ladung Schwämme und dachte, wenn er wieder ins Wasser fiele, könnte er sich mit geringerem Gewicht erheben. »Aber da passierte es ihm, dass er, weil die Schwämme sich mit Wasser vollsogen, nicht mehr aufstehen konnte, und auf der Stelle ertrank.«

Mittwoch, 27. Mai 2020

»Wenn wir Glück haben, ist das Ende eines Satzes der Punkt, an dem wir vielleicht anfangen können. Wenn wir Glück haben, wird etwas weitergereicht, ein weiteres Alphabet unserem Blut eingeschrieben.«

Ocean Vuong, Auf Erden sind wir kurz grandios

Auf einmal zerfranst alles. Die Phase, in der sich die Krise der Pandemie wie eine kollektive Erfahrung anfühlte, wie immer illusionär das auch gewesen sein mag, die Phase eines temporären Wirs, das über die individuellen Befindlichkeiten und Interessen hinauswies, die Phase derselben Regeln, derselben oder mindestens ähnlichen sozialen Praktiken, sie ist vorbei. Mit der ungezügelten Eile mancher Bundesländer, mit dem Rückzug der Bundesebene aus der Ausgestaltung der Lockerungen, ja, mit dem plötzlichen Verschwinden der verbindlichen Ansprache und Kommunikation, die sich an alle Bürgerinnen und Bürger der demokratischen Gesellschaft wendet, ist auf einmal jede Struktur und auch jeder Gemeinsinn verloren gegangen.

Es gibt keine täglichen Pressekonferenzen des Robert-Koch-Instituts mehr, obgleich der Bedarf an Informationen, an neuen wissenschaftlichen Erkenntnissen zu dem Virus und den Ansteckungswegen nicht gesunken ist. Im Gegenteil: je mehr Lebens- und Arbeitsbereiche wieder öffnen, je mobiler, kontaktfreudiger, dynamischer der Alltag wieder wird, desto mehr Verständnis brauchen wir alle, die wir nun allein entscheiden dürfen und müssen, was sinnvoll, was gefährlich oder wie wir uns und andere schützen können. Was da als Lockerung, was als Öffnung verkündet wurde, ist zwar eine Befreiung von den Eingriffen in die Grundrechte, von dem, was Angela Merkel als »demokratische Zumutung« bezeichnet hatte, aber es ist auch eine Last, eine kognitive Zumutung.

Im Modus eines totalen Shutdowns und der Isolation zuhause braucht es weniger anspruchsvolles Wissen, weil es drinnen keine großen Spielträume für Fehlentscheidungen gibt. Aber im Prozess der Re-Normalisierung in einer mindestens partiell modifizierten Lebenswelt, in der wiedergewonnen Mobilität, in der täglichen Auseinandersetzung mit Verschwörungs-Mythen und rechten Desinformations-Kampagnen, in dem unübersichtlichen, kontroversen, instabilen Jetzt braucht es mehr denn je einen öffentlichen, ruhigen Diskurs, in dem Wissen geteilt, befragt, vertieft und erweitert wird und in dem wir uns darüber verständigen können, wie wir (mit dem Virus) leben können. Gerade jetzt, wo die Verantwortung für das Geschehen delegiert wurde, an die Länder, und die es an uns als Gemeinschaft weiterreichen, bräuchte es demokratische Ansprache und

Auseinandersetzung – stattdessen privatisiert und vereinzelt alles in einer eingebildeten Normalität.

Aber es ist noch nichts normal. Es ist noch nichts vorbei. Darüber kann auch »Das-ist-wie-bei-HIV«-Ramelow nicht hinwegtäuschen. Die Wahrscheinlichkeit einer zweiten Welle erhöht sich mit jedem, der sie für unwahrscheinlich hält. Wer sich jetzt sicher wähnt, erhöht die Risiken, wer so agiert, als gäbe es keine Gefahr mehr, gefährdet sich und andere. Gerade in dieser Übergangszeit der Fragmentierung in immer kleinere Einheiten (Länder, Regionen, Gemeinden) zu glauben, es müsste nichts mehr erklärt, nichts mehr übersetzt, nichts mehr vermittelt werden, ist absurd. Wann wurde da entschieden, es müsste nur noch stumm exekutiert, aber nicht mehr nachgedacht und gesprochen werden?

»Wenn wir Glück haben, ist das Ende eines Satzes der Punkt, an dem wir vielleicht anfangen können.«

Es ist der Punkt, der nichts beendet hat, die Geschichte der Pandemie erzählt sich weiter, in demselben asynchronen Rhythmus, in dem sie begonnen hat, zieht sie über den Globus und versehrt ganze Regionen, es gibt keinen Moment des Aufatmens, eben war es noch Madrid und Guayaquil, dann ist es Delhi und São Paolo, und dann wieder von vorn Seoul, das Ende eines Satzes ist immer nur der Punkt, an dem wir anfangen können (und müssen).

»Wenn wir Glück haben, wird etwas weitergereicht, ein weiteres Alphabet unserem Blut eingeschrieben.«

Wenn wir Glück haben, wird etwas weitergereicht von dem, was wir gerade lernen, wenn wir Glück haben, wird ein weiteres Alphabet entstehen, eines, das uns erlaubt, eine inklusivere, gerechtere, zartere Sprache zu sprechen, wenn wir Glück haben, schreibt sich uns die wechselseitige Verwundbarkeit, die wechselseitige Abhängigkeit in dieser Welt in unser Blut ein, und wir entwickeln daraus andere Formen des internationalen Miteinander. Wenn wir Glück haben, wird sich die Krise der Pandemie nicht nur in einer Beschleunigung der Digitalisierung und Automatisierung niederschlagen, wenn wir Glück haben, werden nicht die sozialen Infrastrukturen, die sich als rettend erwiesen haben, unter dem ökonomischen Druck knapper Ressourcen wieder ausgehöhlt, wenn wir Glück haben, werden unwürdige Arbeitsbedingungen, fehlende soziale Rechte und gnadenlose Ausbeutung von Arbeiter*innen, ob in Fleisch-Fabriken hier bei uns oder in Jeans-Sweatshops in Bangladesch, nicht nur mal eben kurzfristig beachtet, weil sie die Infektionsraten antreiben, sondern systematisch bekämpft und verboten, wenn wir Glück haben, artikuliert sich die politische Überzeugung dazu nicht nur in hehren Erklärungen der jeweiligen Minister, sondern auch in verbindlichen Normen, sei es ein Mindestlohn, sei es ein Lieferketten-Gesetz, seien es Produkt-Zertifzierungen, wenn wir Glück haben, werden Wiederaufbau-Programme, wie sie gerade für Europa aufgesetzt werden, auch für andere Regionen im globalen Süden entwickelt, idealerweise als Investitions-Fonds, die soziale und ökologische Bedingungen knüpfen an Kreditvergaben, so dass sich nachhaltige, innovative Projekte auch in Schwellenländern lohnen.

Wenn wir Glück haben, lernen wir eine vielfältige, offene, demokratische Geschichte zu erzählen.

Donnerstag, 28. Mai 2020

»I can't breathe«

Eric Garner, 2014, George Floyd, 2020 –

Es ist alles wie ein grauenhaftes *»Re-enactment«*, eine quälende Wiederholung, die jene Wunde wieder aufreißt, die in Wahrheit nie hätte zuwachsen dürfen. Was hatten wir, die wir weiß sind, denn gedacht? Dass es aufhören würde von allein? Was hatten wir, zu deren Alltag nicht die permanente Angst vor Polizei-Gewalt gehört, denn gehofft? Dass es sich vergessen ließe, weil wir verschont werden? Weil wir keine schwarzen Körper haben, die rassifiziert werden, die ausgeblendet oder dämonisiert, die missachtet und gegängelt, geschlagen oder getötet werden. Das ist das alte Paradox: dass die rassistisch projizierte Angst vor dem schwarzen Körper gesellschaftlich anerkannt und ständig reproduziert wird, aber die begründete Angst der so stigmatisierten Schwarzen vor weißer Polizeigewalt im toten Winkel eben dieses Rassismus bleibt.

»Die Zerstörer sind nicht beispiellos böse,« schrieb Ta-Nehisi Coates in »Zwischen mir und der Welt«, »sondern schlicht Menschen, die die Launen unseres Landes umsetzen, die sein Erbe und sein Vermächtnis richtig deuten, bis heute.«

»*I can't breathe*«, die Worte, die George Floyd am Montag dieser Woche in Minneapolis herauspresst, sind dieselben Worte, die Eric Garner im Juli 2014 sprach, »*I can't breathe*«, nicht nur einmal oder zweimal, elfmal brach es aus dem asthmakranken Garner hervor, bevor er für immer verstummte. Die Worte wurden aufgehoben, zitiert, die Worte »*I can't breathe*« wurden zum Code eines Traumas, das sich nicht auf eine vergangene, sondern eine sich stetig erneuernde Erfahrung bezieht, ein Trauma, das mit dem identischen Zitat, sechs Jahre später, wieder getriggert ist: George Floyd sagt »*I can't breathe*«, ich kann nicht atmen, (das erste Mal bei Minute 0'20 des zehnminütigen Videos, das sich nur anschauen sollte, wer sich immer noch nicht vorstellen kann, wie am helllichten Tag ein wehrloser Mensch, mit Handschellen auf dem Rücken, ohne jede Heimlichkeit und ohne jede Hemmung, getötet wird) als er auf der Straße liegt, das Knie eines Polizisten mit seinem ganzen Gewicht im Nacken, »*please*«, Floyd stöhnt und wimmert, aber der Polizist ändert nichts an seiner Haltung, er hockt weiter auf dem eingezwängten Körper, nach einer Minute wiederholt Floyd seine Verzweiflung, »*I can't breathe*«, ein Polizist, der durch den Polizeiwagen verdeckt ist, aber vermutlich ebenfalls an oder auf dem arrestierten Floyd sitzt, sagt: »*What do you want?*«, was willst Du?, noch einmal, es ist 1:06, sagt Floyd »*I can't breathe*«, aber nichts geschieht, stattdessen wird Floyd (soll das ein Witz sein?) aufgefordert, in den Wagen zu steigen. »Das werde ich«, antwortet Floyd und fügt hinzu (als wäre das nicht offensichtlich), »aber ich kann mich nicht bewegen.«

Es ist auf dem Video nicht zu sehen, was der Situation vorausgegangen ist, warum die Polizisten überhaupt Floyd gestellt haben, ob er sich vorher geweigert hatte, in das Auto zu steigen, oder ob nichts dergleichen vorher geschehen ist, weder die eine noch die andere Vorgeschichte lässt sich anhand dieser Aufnahme belegen.

Es sammeln sich immer mehr Passanten, die intervenieren, »Sie haben ihn doch am Boden, lassen Sie ihn atmen«, keine Reaktion, ein Beamter steht auf der Straße und schirmt seine Kollegen am Wagen ab, aber auch er ist nicht allzu sehr bemüht, die grausame Szene zu verbergen, »Er blutet aus der Nase, lassen Sie ihn« (2'00), Floyd bringt noch mehrfach dieselben Worte hervor, »*I can't breathe*«, aber nichts geschieht, die Passanten fordern die Polizei auf, ihn doch endlich aufzuheben und in den Polizeiwagen zu setzen, nichts geschieht, derselbe Beamte drückt weiter mit dem Knie in den Nacken, die Kamera wandert etwas um einen der Polizisten herum, um einen besseren Fokus auf Floyd zu bekommen, und da erst fällt es mir auf: der Beamte, der auf Floyd sitzt, hat anscheinend die Hand in der Hosentasche, er sitzt da, ganz offensichtlich bequem und entspannt, als wäre er bloß Zuschauer bei dem Mord, den er selber gerade begeht, es gibt keinen Kampf, keine Gegenwehr, nichts, was seine beiden Hände erforderte, es reicht anscheinend, einem mit Handschellen gefesselten Mann am Boden die Luft abzudrücken.

Irgendwann (um Minute 4'20 des Videos) bewegt sich Floyd nicht mehr, er hat offensichtlich das Bewusstsein verloren, aber auch das ändert nichts, die Passanten drängen und rufen, »Fühlen Sie seinen Puls«, nichts geschieht, noch immer bleibt das Knie im Nacken, Minuten vergehen, in denen immer wieder versucht wird, um medizinische Hilfe zu bitten, nichts, als schließlich ein Rettungswagen eintrifft und ein Sanitäter dem bewusstlosen Floyd den Puls fühlen will (die Szene ist nicht gut zu erkennen) löst anscheinend niemand die Handschellen, als zuletzt der Körper auf die Bahre gehoben und abtransportiert wird, sind die Arme von George Floyd noch auf den Rücken gezwungen.

»Es ist so leicht, den Schmerz des Anderen zu übersehen,« schrieb die Philosophin Elaine Scarry in »Das schwierige Bild des Anderen«, »dass wir sogar fähig sind, ihm diesen Schmerz zuzufügen oder ihn zu verstärken, ohne dass uns dies berührte.«

Ich wünschte, das wäre so. Ich wünschte, der Schmerz würde nur übersehen. Beim Betrachten dieses Videos des Polizisten, der George Floyd mit der Hand in der Hosentasche ersticken lässt, drängt sich etwas anderes auf: das sieht nicht nach ahnungslosem Übersehen, sondern nach lustvollem Zuschauen aus.

Nachts erreicht mich die E-Mail von meinem Freund Paul, der in St. Paul / Minneapolis lebt, ich habe zufälligerweise zwei wirklich enge Freund*innen in Minneapolis, beide weiß, Paul schreibt, am Montag, am Tag des Todes von George Floyd, sei es für ihn nur um seine afro-amerikanischen, männlichen Freunde gegangen, »ich habe Stunden damit verbracht, zuzuhören, zu sprechen, zu lesen von der Wut, dem Schmerz, der Verzweiflung schwarzer Freunde.« Die meisten fühlten sich vor allem taub. Dieser Mord ließe alle ihre eigenen schrecklichen Erfahrungen mit der Polizei wieder aufleben. »Alle Schwarzen in meinem Freundeskreis«, schreibt Paul, und das heißt bei ihm, eher sehr gebildete, erfolgreiche Personen, »jeder einzelne von ihnen hat eine ganze Liste horrender Geschichten über das Gehen-als-Schwarze, das Autofahren-als-Schwarze, das Leben-als-Schwarze.«

Seither ist die Stadt von Protesten und Plünderungen erschüttert, jede Nacht werden Geschäfte zerstört, in der Nachbarschaft des *3rd Precinct* brannte es in verschiedenen Straßenblöcken. »Plündern ist natürlich falsch«, schreibt Paul, »und die eigenen Nachbarschaften zu verwüsten ist schrecklich selbst-zerstörerisch – aber es ist leider auch so schrecklich nachvollziehbar.«

Paul und sein Mann sind die letzten Tage vor allem drinnen geblieben, nicht ungewöhnlich, weil sowieso seit Wochen der pandemische Ausnahmezustand gilt, ein wenig könnte der Ausbruch an gewalttätigen Protesten auch dadurch noch einmal extra aufgeladen sein, vermutet Paul, dass alle die ganze Zeit eingeschlossen waren. Der Zorn rückt langsam näher: ein paar Blocks entfernt, kam es wohl zu Plünderungen, aber »es gibt diese merkwürdige Trennung zwischen dem, was wir wissen, was geschieht und dem, was wir tatsächlich sehen.« Inzwischen stehen Teile der Nachbarschaft des *3rd Precinct* in Flammen, und Paul schreibt, nachdem er zuerst vor allem niedergeschlagen und verzweifelt gewesen sei über den soundsovielten Mord eines schwarzen Mannes durch die Polizei, sei er jetzt vor allem beängstigt, wie die nationale (Über-)Reaktion auf die Aufstände ausfallen könnte.

Eine besonders gespenstische Geschichte erzählt die andere Freundin aus Minneapolis, Kirsten, in einer Abfolge von E-Mails berichtet sie zunächst von der Trauer über all die zerstörten und ausgebrannten Lebensmittelgeschäfte, die für viele in der Nachbarschaft die Bezugsquellen für Essen und Medizin seien, »Wohin werden die Menschen jetzt gehen? Noch dazu in einer Pandemie?«, und dann fügt sie hinzu, »es scheint, dass ein weißer Polizist aus St. Paul, in schwarzer Montur mit einer Gasmaske über dem Gesicht den gestrigen Vandalismus selbst begonnen hat«, das klingt wie aus einem Film, aber was klingt zur Zeit nicht wie aus einem Film?, ein junger Mann habe die sonderbare Figur, die die Schaufenster eines Autoteile-Ladens zertrümmerte, dann zur Rede gestellt, sie schreibt »das hätte ich mir nicht vorstellen können, was viel sagt, über meine eingeschränkte Perspektive«, aber es gäbe ein Video von der ganzen Sequenz, ein paar E-Mails später hat ihr Mann mir den link geschickt, auf twitter kursiert mittlerweile nicht nur diese Aufnahme, auf der zu sehen ist, wie ein Mann in schwarzer Kluft, mit einer Gasmaske (und außerdem, etwas ungewöhnlich für einen gewöhnlichen Plünderer: mit einem schwarzen Regenschirm), die Frontscheiben des Geschäfts einschlägt, sondern auch wie ein Mann ihn anspricht und sogar fragt: »*Are you a f… cop?*«. Mittlerweile soll der mutmaßliche Anstifter identifiziert sein, ein Name kursiert, es sind verschiedene Bilder des Polizisten ohne und mit Maske nebeneinander gestellt, eine Ex-Frau ist sich sicher, den Beamten zu erkennen. Das lässt sich alles nicht auf die Ferne und über twitter verifizieren, aber es ist gewiss nichts, was zur Beruhigung des Zorns beiträgt.

Vor einigen Jahren habe ich über Eric Garner geschrieben. Es ist ein ganzes Kapitel in »Gegen den Hass«. Je länger ich mich damals mit der Geschichte seines Todes beschäftigte, mit der rassistischen Gewalt, dem Blick auf schwarze Körper, je öfter ich mir das Video anschaute, das damals jemand von der ganzen schrecklichen Szene drehte, desto mehr wünschte ich, Eric Garner würde nicht nur für diese Worte des Sterbenden erinnert werden, dieses »*I can't breathe*«, diese Worte, die ihn immer als das Opfer, das mit einem Würgegriff erstickt wurde, identifizieren, ich schrieb damals, dass ich ihn als anderen beschreiben wollte, als den Eric Garner, der, bevor die Beamten ihn angreifen, sagt: »*It stops today*«, das muss aufhören, der Eric Garner, der es einfach nicht mehr aushält, wieder und wieder kontrolliert und verhaftet zu werden, der seine Rolle in diesem ungerechten Spektakel nicht mehr akzeptieren will, die Rolle eines Schwarzen, der es demütig hinnehmen soll, erniedrigt zu werden. »Das muss aufhören«, das meint eben diesen rassifizierenden Blick, der unsichtbar macht oder monströs, der Menschen wie Eric Garner oder George Floyd immer noch als »Gefahr« behaupten lässt, obgleich sie schon bewusstlos und in Handschellen am Boden liegen.

Ich hoffe sehr, dass die Proteste nicht die ursprüngliche Gewalt überlagern, ich hoffe, dass es noch andere Worte sein werden, die über George Floyd geschrieben und zitiert werden, und ich hoffe, dass es aufhört.

Freitag, 29. Mai 2020

»*Um einen Roman zu schreiben, erkläre ich dem Neffen
mit einem verschmitzten Lächeln,
brauchst du vor allem einen guten Hintern,
denn das ist wie der Beruf einer Näherin,
man muss lange sitzen.*«

Dany Laferrière, Das Rätsel der Rückkehr

Ich habe jetzt lange gesessen und geschrieben. Keinen Roman, sondern ein Journal. Jede Woche, jeden Tag, seit März,
seit die Einschränkungen der Bewegungsfreiheit verkündet
wurden. Laferrière hat recht: es ist wie der Beruf einer Näherin. Man muss lange sitzen. Anfangs wusste ich nicht, ob
die Idee wirklich taugen würde, ob es sich nicht bald erledigt hätte, anfangs habe ich mich nach jeder Woche noch
einmal rückversichert, ob es weitergehen sollte, ob es noch
Sinn machte, ob es noch Bedarf gäbe.

Jetzt sind zehn Wochen vergangen, es ist ein ganzes Buch
entstanden, und nun möchte ich auch mal wieder raus,
nicht mehr sitzen, ich möchte spazieren gehen, möchte mal

innehalten, zurückschauen auf das Erlebte, meine türkischen Vokabeln pauken, vielleicht auch mal an der Aussprache arbeiten, ich möchte still sein, nichts schreiben, oder nur für mich, ich möchte mich wieder mehr um meine Freund*innen kümmern oder um gar nichts kümmern (ok, das ist etwas unrealistisch). Es war eine unfassbare intensive Zeit, das Schreiben an diesem Journal, und es gibt gar keinen Grund, jetzt damit aufzuhören, außer dem, dass ich mal etwas Auslauf brauche. Vielleicht nehme ich es später wieder auf. Vielleicht in größeren Abständen. Vielleicht fügt sich alles dann doch zu einem richtigen Tage-Buch, einem »*günlük*«, auf Türkisch.

Bis dahin will ich aber noch sehr viel Boule gespielt haben. Ich habe jetzt sogar meine eigenen Kugeln.

Kamen diese Woche mit der Post. Sie sehen noch sehr glatt und neu aus. Das muss sich ändern. Ich hoffe, Sie verstehen das. Ganz herzlichen Dank für all die bewegenden Reaktionen auf dieses Journal. Passen Sie auf sich auf und bleiben Sie gesund.

Postscriptum

November 2020

»*Is anybody else awake?*
Will it ever be day again?«

Kae Tempest, Let them eat Chaos

Was für ein Jahr.

Was für ein verwirrendes, brutales, unbegreifliches Jahr. Ein Jahr ohne Ausnahme und ohne Pause, trotz all der verordneten Ruhe. Ein Jahr der Verluste, der Abschiede ohne Abschied, ein inniges Jahr auch, der Zuwendung und Hingabe, die sich eine andere Form suchen musste. Ein Jahr der Selbst-Disziplinierung, die all das auszutreiben versucht, was kollektiv und sozial ist. Alle Bewegungen aufeinander zu: abgebremst und unterbrochen. Alle Berührungen der Haut, alle Umarmungen: eingehegt und aufgespart. Es ist sinnlich frugal und sozial verklemmt geworden.

Alles erträglich im Vergleich zu dem, was anderen in Minsk oder Paris, Medellin oder Beirut abverlangt wird. Aber ich hoffe, dass dieses re-traditionalisierende Regime sich wieder aus unseren Körpern und Gesten, unseren Reflexen und Gewohnheiten, unseren Beziehungen und Lebensformen herausziehen lässt. Irgendwann.

Es ist noch nicht zu Ende. Nicht die Pandemie, nicht die ihr nachfolgenden Verheerungen. Nicht die existentiellen Nöte, die ökonomischen Verteilungskämpfe oder die psychischen Verunsicherungen. Jedes Aufatmen, jeder Rückblick kommt zu früh. Es kommen härtere Tage. Das hatten sie im Frühjahr immer betont in der Regierung, wir seien erst am Anfang. Aber so nach und nach wird deutlich, was das *wirklich* heißt: »erst am Anfang sein«, dass die Pandemie sich noch auswächst, ganz gleich, ab wann mit dem Impfen begonnen werden kann oder bei wem, dass sie ihre zerstörerische Wucht erst noch entfalten wird, dass die im globalen Norden, die denken, das Schlimmste sei schon überstanden, naiv gewesen sein werden. Überheblich sowieso.

Jetzt ist die zweite Welle da und sie ist lang. Vielleicht dauert sie noch an, wenn dieses Buch im Frühjahr erscheint. Vielleicht sind wir dann schon in der dritten Welle, unterbrochen nur von sukzessiven Impfungen.

Was haben wir nur gedacht den Sommer über? Dass der Sommer dieses Jahr nie enden würde? Dass wir so unbefangen leben könnten wie in jenem kaum mehr erinnerbaren »Davor«? Im Frühjahr haben immer alle vom »Danach«

geredet, weil die Phantasie sich ausrichten wollte an einer Zeit, in der die Pandemie überstanden wäre. Es enthielt immer auch den Unwillen, sich überhaupt erst einmal auf die Bedingungen des Virus einzulassen. Diese Rede vom »Danach«, sie barg immer auch die Hoffnung, sich im »*fast-forward*«-Modus die Auseinandersetzung mit der Trauer um geliebte Menschen zu ersparen, als gäbe es eine Abkürzung für Schmerz oder Analyse. Jetzt geht der Blick eher zurück, auf das »Davor«. Es mehren sich die Sätze, die mit »früher« beginnen. Früher als es noch Gemeinsames in Gruppen gab, gemeinsam im Theater, gemeinsam auf der Demonstration, gemeinsam zu *drinks* hier bei uns. Früher, als Fernweh noch keine Qual war. Früher, als sich noch reisen ließ. Früher, als wir uns berührt haben. Früher, als wir tanzen gingen in engen Räumen. Früher, als andere Themen, andere politische Fragen noch nicht in den Hintergrund gedrängt waren … Das »Danach« dagegen erscheint immer entrückter. Ein »Danach« im Sinne von einer Zeit, in der die Pandemie nicht nur überstanden, sondern auch ihre politischen, ökonomischen, psychischen Effekte nicht mehr sichtbar wären – wann soll das sein? Jedes »Danach« wird immer auch ein »Davor« sein. Dieses Virus wird nicht das letzte gewesen sein, das sich global ausbreitet.

Mein Freund Imran hat inzwischen aufgehört, mir jeden Tag türkische Wörter zu schicken. Anfangs habe ich immer noch gebettelt. Irgendwann habe ich aufgegeben. Ab und an gehe ich jetzt fremd und frage bei anderen Freunden nach Worten, die ich dann Imran schicke. Das gefällt ihm.

Aber das Reservoir meiner Worte aus der ersten Welle im Frühjahr reicht auch für die zweite Welle im Winter. »*Yorgunum*«, ich bin müde.

»*Nicht verstehen ist wie verloren gehen.*«

Marina Frenk, Ewig her und gar nicht wahr

Die Schreibpause war gut. Den Sommer über habe ich Boule gespielt. Sehr viel Musik gehört. Wenige geliebte Menschen gesehen. Andere geliebte Menschen verabschiedet. Bin laufen gegangen. Erst Intervalle, dann 5 km, dann 10. Habe gelesen ohne Absicht oder System. Aber ohne das Schreiben setzt mir das Leben anders zu. Wenn ich nicht schreibend nachdenken und erzählen kann, bin ich schutzloser ausgeliefert – »*desprotegido*« wie es im Spanischen heißt. Es ist alles enger geworden. Der Radius der Begegnungen kleiner. All jene offenen Abende, an denen früher Freund*innen hierherkamen zu Drinks und Gesprächen, sie sind verschwunden. Mit dem abnehmenden Licht des Winters nehmen auch die Treffen draußen ab.

Alle haben eine Form gefunden, die Wirklichkeit der Pandemie anzunehmen oder zu leugnen, sich an die Vorgaben zu halten oder sie zu umgehen, die meisten finden irgendetwas dazwischen. In den vergangenen Monaten haben sich viele neue Routinen, neue Gewohnheiten angeeignet. Ich schaue neidvoll darauf. Bei mir hat sich gar nichts zur

Routine entwickelt, also im eigentlich routinierten Sinne: gedankenlos, automatisch, selbstverständlich. Ich habe eher den umgekehrten Eindruck: Die Situation fordert, dass man über alles nachdenken muss, alles bewusster abwägen, bloß nichts intuitiv, bloß nichts aus dem Affekt heraus tun. Von politischer Energie mal ganz zu schweigen.

Manche Menschen, enge, vertraute Bezugspersonen, habe ich seit langem nicht gesehen. Mit manchen Freund*innen, die ich sonst in düsteren Bars getroffen habe, kann und will ich nicht spazierengehen. Das funktioniert nicht. Manche Gespräche brauchen geschützte Räume, manche brauchen Öffentlichkeit, manche Gespräche brauchen körperliche Nähe, Berührungen, manche brauchen die Möglichkeit, jederzeit weggehen zu können. Das Soziale hat auch eine Textur, Freundschaften haben Rituale, Intimität hat Voraussetzungen, die sich nicht beliebig auflösen und verändern lassen. Anfangs habe ich das noch versucht, aber ein anders gesetzter Rahmen, der ordentliche Abstand, die dadurch unwillkürlich entstehende Förmlichkeit, hat einige Begegnungen völlig getiltet. Alles wurde schwerfällig, konventionell, langweilig. »*sıkıldım*« – »ich bin gelangweilt«, hatte mir Imran beigebracht, sei nicht zu verwechseln mit »*sikildim*« – »ich bin gefickt«. Manche Lektionen leuchten mir im Herbst noch mehr ein als im Frühjahr.

»Für manche Fragen bräuchte eine Gemeinschaft die Fähigkeit, apokalyptisch zu denken.«

Christoph Möllers, Freiheitsgrade

Jetzt ist die zweite Welle da und sie ist nicht vergleichbar mit der ersten. Die analytische Lust am Verstehen des Virus ist ermattet. Es gibt weniger epidemiologisch zu lernen, aber mehr politisch zu gewichten, priorisieren, herabsetzen. Bei dem dramatischen Anstieg der Infektionszahlen, der flächendeckenden Verteilung, der Überforderung der Gesundheitsämter, die die Strategie des »*test, track-and-trace*« längst nicht mehr erfüllen können, geht es nicht mehr darum, welche öffentlichen Orte geschlossen, welche Praktiken des Sozialen verhindert werden. Sondern nur noch darum, welche *nicht* ausgesetzt werden können. Wenn bei 75 % der Fälle nicht mehr nachvollzogen werden kann, wie sich Menschen infiziert haben, dann lässt sich auch nicht qualifiziert begründen, was offen bleiben und was geschlossen werden soll.

Alle sind zermürbt durch die schiere Dauer der Belastungen, aber auch erschöpft durch das, was sie unnötig verlängert: das repetitive Zaudern. Die humorfreie Soap der zögernden Ministerpräsident*innen, die wissenschaftliche Modellierungen nicht denken oder nicht aushalten, weil sie entschiedene Reaktionen von ihnen verlangen. Und die sie dann so lange verschleppen, bis die Wirklichkeit exakt so düster aussieht wie die Modellierung, die sie sich nicht vorstellen wollten. So dass alle Maßnahmen nun, weil zu spät, weniger wirkungsvoll sind. »*korkaklar*« – Angsthasen. »*önügöremeyen korkaklar*« – kurzsichtige Angsthasen.

» Was wäre, wenn sich eine Bedrohung als so gewaltig erweist, dass sie alle anderen in den Schatten stellt?
Was wäre, wenn sich ihre Größe nur mithilfe einer starken Imagination verstehen ließe?

Christoph Möllers, Freiheitsgrade

Was am meisten irritiert, ist die Kombination aus fehlender Vorstellungskraft und projektiver Infantilisierung. Die Ministerpräsident*innen scheuen sich, vorausschauend Entscheidungen zu treffen, und unterstellen unreife Bürger*innen, denen solche Entscheidungen nicht zu vermitteln wären. Als ob wir die Dramatik der Situation nicht verstünden oder die Einschränkungen nicht aushielten. Alle bisherigen Umfragen belegen das Gegenteil. Nicht nur stimmt eine Mehrheit der befragten Bürger*innen den Einschränkungen zu, es gibt sogar einen nicht unbeträchtlichen Teil, der strengere Regeln befürworten würde. Die Ministerpräsident*innen gockeln herum, als schütze ihre Handlungsfaulheit die Menschen oder die Unternehmen – in Wahrheit gefährdet es sie.

Wenn es ihnen wirklich um die Akzeptanz ginge, dann wären präzisere Erklärungen hilfreich. Es geht doch allein darum, *insgesamt* Bewegungen und Begegnungen drastisch zu reduzieren. Das ist zunächst einmal eine quantative, keine qualitative Maßgabe. *Was* geschlossen wurde, sagt letztlich nichts über den Ort und seine epidemiologische Einstufung als »gefährlich« oder »riskant«. Es ist niemandes Schuld. Niemand wird für ein Versäumnis bestraft, wenn geschlossen wird. Es ist eine rein politische Bewertung. Damit ist sie nicht unbedingt willkürlich oder irrational.

Wenn ich die Lückentext-Sprache richtig deute, wurde eben nicht entschieden, was geschlossen werden muss, sondern lediglich was unbedingt offen bleiben muss. Dabei konnte nur abgewogen werden, welche Maßnahme den größten sozialen, psychischen, ökonomischen Schaden verursacht oder welche Grundrechte und Bedürfnisse besonders geschützt werden müssen. Daraus ergab sich, dass Schulen, obgleich Schnittstellen endlos vieler Begegnungen und Kontakte, offen bleiben sollen. Die schmerzhaften Folgen der Schließung von Kinos und Theatern für die Kulturszene selbst, aber auch für das Publikum, wurden offensichtlich als *verkraftbarer* bewertet.

Konsum, das hat dann spätestens Peter Altmaier völlig hemmungslos erklärt, Konsum bleibt sakrosankt wie die Kirche. Konsum muss immer gehen. In Krisen wie dieser ist Shoppen auch nicht einfach mehr kapitalistischer Exzess oder notwendige Suche nach dem günstigsten Angebot, sondern patriotische Pflicht. Wenn mir nach irgendetwas *nicht* ist diese Wochen und Monate, dann nach Shoppen.

So schleppen sie sich (und uns) weiter in diesem halbherzigen Modus eines offensichtlich zu schwachen Lockdowns, mit einem so erschütternd ambitionslosen Ziel, dass man verzweifeln kann. Wenn es den Ministerpräsident*innen schon reicht, dass die intensiv-medizinische Versorgung im Land gewährleistet ist, dann lassen sich natürlich auch weiter im Jo-Jo-Verfahren die Zahlen immer mal wieder ein bisschen drücken durch einen nur bloß nicht zu strengen Maßnahmen-Katalog, damit dann wieder gelockert wird und die Zahlen wieder auf ein ähnliches Niveau ansteigen – hoch und runter, hoch und runter, wie bei einer strategielosen Diät.

Es wird ein langer Winter. Weihnachten haben wir abgesagt. Normalerweise kommt die bunt gemischte Freundes-Familie zu uns und wir kochen für alle. Traurig, aber es hilft ja nichts. Es lässt sich rechnen, wie die Infektionszahlen zeitlich versetzt zu Weihnachten und nochmal zeitlich versetzt zu Silvester wieder in die Höhe gehen werden, wie dann spätestens im Januar die Ministerpräsident*innen-Soap sich fortsetzt.

*»What does it mean to want
an age-old call
for change
not to change.«*

Claudia Rankine, What if, in: »Just us.
An American Conversation«

Amerika hat gewählt. Die Präsidentschaft Trump ist, ob er das versteht oder nicht, beendet. Donald Trump wird das Weiße Hause verlassen müssen, ganz gleich, wie viele Klagen er noch anstrebt, um das Ergebnis anfechten zu lassen, ganz gleich, wie mutwillig er noch Chaos und Gewalt mit Lügen und Verschwörungsmärchen anstachelt. Er wird gehen – und wenn er dabei eskortiert werden muss.

Es waren schlaflose Tage, bis das offizielle Ergebnis bei CNN verkündet wurde. Aber als es dann endlich soweit ist, bin ich nicht einmal euphorisch, sondern vor allem erschöpft. Nicht bloß aus zittriger Müdigkeit dieser ersten November-Woche, in der ich Nacht für Nacht vor dem Fernseher gewacht und Nachrichten mit den Freund*innen in New York, Minneapolis oder Portland ausgetauscht habe. Sondern es kommt eine tiefe, schwere Erschöpfung hoch aus diesen vier Jahren. Wie wenn kalte, erfrorene Füße plötzlich in warmes Wasser getaucht werden und man zunächst nichts als Schmerz fühlt. So ist es auch jetzt. Als ob ich die Verzweiflung, die Bitterkeit über die vergangenen Jahre erst jetzt zulassen könnte.

Es ist gar nicht so leicht, die einzelnen Tiefpunkte wieder aufzurufen: zu dem »*Muslim-Ban*«, der uns damals als das ultimative Skandalon erschien, gesellten sich so viele andere: der Austritt aus dem Pariser Klimaabkommen, das Ende des Iran-Abkommens, die Ernennung von Brett Kavanaugh zum Richter des Obersten Gerichtshofs, die Liste der Schock-Momente, die einen immer wieder überwältigt und gelähmt haben, ist lang.

»*There is no resignation in my voice when I say I feel
myself slowing down, gauging like a machine
the levels of my response. I remain within
so sore I think there is no other way than release –
So I ask questions …*«

Die Nachrufe, die in diesen Tagen verfasst werden, die die Ära Trump als abgeschlossen und erledigt deklarieren wollen, sie kommen nicht nur zu früh, sie machen es sich auch zu einfach in dem Bemühen, alle Spuren der eigenen Komplizität zu bereinigen (darüber habe ich schon in einer Kolumne für die SZ geschrieben). Als sei da nur ein Eindringling gewesen, der etwas Dreck von draußen ins Haus getragen habe. Das Phänomen Trump lässt sich nicht als politisches Versehen, als historische Anomalie exotisieren, als sei diese Präsidentschaft etwas, das nichts mit der amerikanischen Gesellschaft zu tun habe. Die Erfahrung Trump lässt sich nicht ausschneiden aus dem kollektiven Gedächtnis, als habe es sie nicht gegeben. Dazu gab es zu viel Zustimmung, dazu waren die Handlungen von Trump zu folgenreich, zu verheerend, zu tiefgreifend. Die vergangenen vier Jahre lassen sich nicht einfach endlagern wie eine toxische Substanz. Sie haben die demokratische Gesellschaft in ihrem Kern vergiftet und entstellt.

Auch wenn Joe Biden nun sein Kabinett ernennt, auch wenn alle erleichtert auf das schauen wollen, was international und vor allem klimapolitisch wieder möglich sein wird, die bitteren Fragen gehören gestellt: Was hat Trump nachhaltig verändert in der politischen Öffentlichkeit? Welche demokratischen Praktiken und Institutionen wurden deformiert? Welche Schwellen des Sagbaren, welche Grenzen des Vorstellbaren wurden verschoben? Und nicht zuletzt: Welche Spuren hat diese Präsidentschaft hinterlassen in uns, die wir Trump medial zugeschaut und ihn begleitet haben?

»What is it we want to keep conscious, to stay known ...«

»Donald Trump hat es nicht so mit Notizen-Machen, und er mag es auch nicht, wenn seine Mitarbeiter sich Notizen machen,« schrieb die amerikanische Historikerin Jill Lepore in einem Artikel für die Zeitschrift »The New Yorker« mit dem Titel »*Will Trump burn the evidence*«, »Er hat die Gewohnheit, am Ende von Treffen Unterlagen zu zerreißen.«

Man kann sich das sofort bildlich vorstellen. Wie Trump jedes Memo nervös macht, wie er Mitarbeiter*innen anfaucht, die Besprechungen protokollieren wollen, wie er zu verhindern versucht, dass es Belege geben könnte für das, was gesagt oder angeordnet wurde. Die Sorge, die Jill Lepore umtreibt, gilt der Möglichkeit, dass Donald Trump nicht nur historische Belege, sondern potenziell auch strafrechtlich relevantes Beweismaterial vernichten könnte.

Aber die Geschichte von Trump, der nichts verschriftlicht oder protokolliert sehen will, verweist noch auf etwas anderes, das die vergangenen vier Jahre geprägt hat: totale Geschichtsvergessenheit und permanente Gegenwart. Es gab und gibt für Präsident Trump keine Vergangenheit. Das hat nicht nur etwas mit mangelnder Bildung zu tun oder kompletter Gleichgültigkeit gegenüber den historischen Erfahrungen, aus denen die amerikanische Demokratie entstanden ist. Es existiert für Trump überhaupt kein Gestern. Das ist schon spektakulär. Nicht mal sich selbst will er in einem zeitlichen Kontinuum denken. Es soll nichts geben, das ihn verpflichtet, nicht nur Regeln und Gesetze nicht, sondern auch an sich selbst will Trump offensichtlich nicht gekettet sein. Als ob eine personale Identität schon zu viel der Kränkung des Narziss wäre. Es gibt für Trump keine Erinnerung an frühere Aussagen oder Positionen. Die Erwartung, er müsse Gründe angeben für wechselnde oder widersprüchliche Aussagen, lehnt Trump verständnislos ab.

Der Präsident fühlt sich an nichts gebunden, nicht einmal an sich selbst einen Augenblick zuvor. Alles lässt sich jederzeit abbrechen, umkehren, bestreiten. Es ist nicht so, dass Trump sich korrigiert oder eine Position revidiert. Da ist nichts mehr, was zu korrigieren wäre. Was einmal galt, hat keine Geltung über den Moment hinaus. Alles ist jederzeit löschbar. Nichts bedeutet etwas, außer im Sprechakt selbst. Was erschwerend hinzukommt: Es gibt für Trump auch keine semantische Stabilität: Jede Geste, jedes Wort kann jederzeit seine vorherige Bedeutung verlieren, wenn es ihm gerade gefällt, jedes Wort kann seiner üblichen Verwendung beraubt werden, jedes Wort kann entwertet werden durch inflationären Gebrauch (von den Worten, die als Instrument der Demütigung und der Denunziation eingesetzt werden, die Angst und Schrecken verbreiten sollen wie eine faschistische Miliz mal ganz zu schweigen). Sprache als gekoppelt an Sinn, als Bedingung und Möglichkeit von Verständigung, all das ist in den vergangenen vier Jahren zerschellt in Echtzeit.

Das lag nicht nur an Donald Trump, sondern auch an der katastrophalen medialen Begleitung, den live-Übertragungen der amerikanischen Fernsehsender, die diese kommunikative Perversion ungefiltert ausgestrahlt und normalisiert haben. Ob aus Faulheit oder aus Feigheit, lässt sich nicht einmal sagen. Ob es eben bequemer ist, eine Rede des Präsidenten einfach live zu senden, anstatt sich die Mühe eines Berichts zu machen. Denn dazu müsste recherchiert werden, dafür müssten Reporter*innen vor Ort sein, dazu müsste Material gedreht werden, dass die Aussagen des Präsidenten mit realen Ereignissen abgleicht, damit müssten soziale, politische, kulturelle Bezüge zur Welt überhaupt irgendwie einbezogen werden in die Berichterstattung. Das ist natürlich Arbeit, journalistische Arbeit, die eben unbequem und aufwändig ist. Oder ob es Duckmäuserei ist, an eine Rede des Präsidenten keinerlei Kriterien der Sende-Fähigkeit zu stellen, sich also gleich der journalistischen Autorität, die auswählen kann, die filtern und gewichten kann, zu entziehen und einfach gar keine Verantwortung für das eigene Programm zu übernehmen. Zwar wurden von verschiedenen Redaktionen, nachträglich, die Irrtümer und Lügen des Präsidenten aufgelistet, aber das macht es nur schlimmer, denn dadurch wurde suggeriert, es ginge allein um einzelne fehlerhafte Sätze oder Behauptungen – und nicht um einen systematischen Angriff auf verbindliche Regeln und Bedingungen der Verständigung.

Es ist unerklärlich, dass Fernsehanstalten selbst in Zeiten der Pandemie, als die offensichtlichen Unwahrheiten in Trumps Reden Menschenleben gefährdeten, immer noch einfach weiter live sendeten, nichts aussetzten oder abbrachen, als ob sie völlig vergessen hätten, dass es im Journalismus auch möglich wäre, mit etwas Recherche vernünftige, redaktionelle Beiträge zu produzieren. Es hätte schon früher gute Gründe gegeben, Trumps öffentliches Irrlichtern nicht live zu senden, nicht erst seit Covid-19, aber dazu hätte sich jemand einmal fragen müssen, wie sich mindestens Annäherungen an die Wahrheit, mindestens Perspektiven auf die Welt darstellen lassen.

Auch Twitter, Trumps bevorzugtes Instrument der Macht-
demonstration, mit dem er zu allen Tages- und Nachtzei-
ten beliebig demütigen und agitieren kann, ist erst jüngst
auf die Idee gekommen, besonders folgenreich-verlogene
Tweets des Präsidenten auch mal zu löschen oder mit dem
Zusatz »umstritten« zu markieren. Zu den Aussagen von
Trump, die mit dem Zusatz »umstritten« versehen wurden,
gehörten auch eindeutige Desinformationen und Absurditäten über die verlorenen Wahlen. Die Lügen über den
angeblichen »Betrug« erfüllen aus Trumps Perspektiven
einen doppelten Zweck: zum einen delegitimieren sie die
demokratischen Verfahren selbst, indem sie sie als nicht ver-
trauenswürdig, als korrupt, als manipuliert denunzieren.
Zum anderen stiften sie kommunikatives und auch politisches Chaos, indem sie die Zeit, die eigentlich für eine ordentliche Transition, den Transfer von Wissen und Informationen von einem Amtsinhaber an den nächsten, vorgesehen
ist, mit permanenter Disruption durchsetzen. Vermutlich
will Trump die demokratischen Prozesse in dieser prekären
Phase der Machtübergabe derart destabilisieren und in die
Länge ziehen, dass er Spuren und Beweise von justiziablen
Vergehen beseitigen und sein drohendes finanzielles Deba-
kel noch vor sich herschieben kann.

Aber Twitter ist schamlos komplizitär in diesen anti-demokratischen Ambitionen: Wenn eindeutiger Schwachsinn
nicht mehr als Schwachsinn, Lügen nicht mehr als Lügen
benannt, sondern nurmehr als »umstritten« tituliert werden, dann zeigt sich daran eine der destruktivsten Spuren
der Trump-Präsidentschaft: der nihilistische Relativismus,

der kein Wissen und keine Normen anerkennt, der als unterschiedliche »Meinungen« legitimiert, was als falsch oder menschenverachtend gelten müsste.

Als in Charlottesville im Anschluss an eine rechtsextreme Demonstration, an der Mitglieder des Ku-Klux-Klans, der »alt-right«-Bewegung und Neonazis teilgenommen hatten, einer von ihnen mit dem Auto in eine Gruppe Gegendemonstrant:innen fuhr und die 32jährige Heather Heyer tötete, weigerte sich Trump, diesen Anschlag als Anschlag zu verurteilen. Vielmehr nivellierte er alle Unterschiede zwischen rassistischem Terror und demokratischem Protest gegen eben diesen Rassismus. Als wäre Gewalt nicht mehr Gewalt, ein Verbrechen nicht mehr Verbrechen zu nennen, sondern alles eine Frage der Perspektive.

In den Medien hat sich dieser ethische und epistemische Relativismus unter dem Deckmantel der »Neutralität« ausgebreitet: Da werden zu nahezu jeder politischen, ökonomischen oder sozialen Frage gegensätzliche Kommentar-Positionen besetzt, die eine »Pro-und-Contraisierung« der Wirklichkeit inszenieren. Was sich als »unparteilich« verkleidet, was sich als »liberal« und »repräsentativ« geriert, suggeriert, es gäbe *zu allem* zwei gleichwertige Positionen und Meinungen. Als ob »der Klimawandel existiert« und »der Klimawandel ist eine Erfindung der Chinesen« oder »Die Summe der Innenwinkel in einem Dreieck ist immer 180°« und »Die Summe der Innenwinkel in einem Dreieck ist immer 90°« gleichermaßen gut begründbare Aussagen seien. Diese naiv-dümmliche Vorstellung von »Meinungsfreiheit«, die mehr und mehr den Bezug zu Argumenten und Gründen (oder auch dem Rechtsstaat) verliert, zerstört jeden vernünftigen Wahrheitsanspruch, untergräbt jede verbindliche Gültigkeit von Normen. Das ist auch hier bei uns zu erleben. Da wird dann anschließend die »Spaltung« der Gesellschaft beklagt, die zuvor medial selbst mit inszeniert wurde.

»Das einzige, warum wir die Realität der Welt erkennen und messen können, ist, dass sie uns allen gemeinsam ist«, schrieb Hannah Arendt in der »Vita Activa«, und das ist vielleicht das Bitterste an der Präsidentschaft Trump, wie er die Wirklichkeit als etwas uns allen Gemeinsames unterwandert hat – und wie Teile der medialen Öffentlichkeit ihm dabei bis zur Selbstaufgabe gefolgt sind. Es ist kein Zufall, dass bei den Protesten der »Querdenker« das einigende, ideologische Element die Wissenschaftsfeindlichkeit und die Verachtung für den öffentlich-rechtlichen Rundfunk darstellt.

»What if you are reasonable to saving more than to changing?
What if you are the destruction coursing beneath your language of saviour? Is that, too, not fucked up?«

Als Trump vor vier Jahren als Präsident der Vereinigten Staaten vereidigt wurde, am 20. Januar 2017, hatte ich mit dem Tagebuch-Schreiben begonnen. Ich führe normalerweise kein Journal außer handschriftlichen Notiz-Büchern. Aber das sind eher Arbeits-Bücher, in denen sich Gedanken zu verschiedenen Büchern, Essays, Projekten und Musik mit Zitaten aus Artikeln oder Büchern mit Skizzen zu Struktur und Dramaturgie von Diskussionen oder Texten mit »*to-do*«-Listen abwechseln. Und dann gibt es natürlich Reise-Notizbücher mit Gesprächsprotokollen, aber auch Zeichnungen zu Gebäuden oder Grenzverläufen. Aber weder das eine noch das andere enthält Reflexionen zum politischen Geschehen der Gegenwart.

Damals dachte ich, diese Präsidentschaft verlangte genaue Beobachtung, ich hatte sogar erwogen, mit meinem Freund Joseph parallel Tagebuch zu schreiben, damit verschiedene Perspektiven notiert würden. Aber nach nicht einmal sechs Wochen haben wir aufgegeben. Das Tempo der Ungeheuerlichkeiten, das Trump vorgab, war überhaupt nicht durchzuhalten, jeder Tag verging rauschhaft zwischen Staunen und Schreiben.

Diese Notizen heute, im November 2020, wieder zu lesen, bringt die Erinnerung zurück, wie neuartig damals alles noch war, wie schwer es fiel, den eigenen Unglauben abzulegen und einzusehen, dass da geschah, was geschah.

Auszug aus dem Tagebuch von 2017:

»20. Januar 2017
Inauguration Day:
Jeder versucht, sich zu wappnen. Als ließe sich durch Lektüre, Gespräche, Demonstrationen eine extra Schicht Unverwundbarkeit über die Haut legen. Jeder rechnet mit Ver-

letzungen. Die Amtseinführung Donald Trumps wird nicht erst retroaktiv als Zäsur begriffen werden. Nicht erst mit dem Abstand von Jahren (…)

Morgens die Kolumne über die Rede des Thüringischen AfD-Vorsitzenden Björn Höcke abgegeben. Eine Rede, die an Eindeutigkeit ebenfalls einen Einschnitt markiert (…)
    Niemand wird später sagen können, man habe nichts gewusst.

Höcke beschwört ein »deutsches Vaterland«, das aufgelöst würde, »multikulturalisiert«, »amerikanisiert«, er beschwört ein unpräzises »einst«, eine Vergangenheit, in der alles grandioser gewesen sein soll, »reiner«, ohne zu sagen, wann das gewesen wäre. Er spricht von der »einst hochgeachteten Armee«. Eine deutsche Armee, die »hochgeachtet« war? Von wem? Von den Menschen, die ihr zum Opfer fielen? Welche Armee? Die, die den 1. Weltkrieg verloren hat? Oder die, die den 2. Weltkrieg verloren hat? Die heutige sei eine »durchgegenderte« Eingreiftruppe »im Dienste der USA«. Der Anti-Amerikanismus ummantelt blanken Antisemitismus.

Die Rede von Höcke durchaus in nüchterner Sprache, wohlformuliert, niemals ausfallend im Stil. Aber dazu eine vor rauschhafter Aggression lechzende Menge. Deren Gebrüll ist furchteinflößend. Sie gieren geradezu nach einer Aufforderung, einem Wort vom Podium, einer Ansage, die sie ihre Lust auf Gewalt ausagieren ließe. Vielleicht das Widerlichste: die Diskrepanz zwischen der kühlen Strenge von

Höcke und der Entgrenzung des Publikums. Es wäre ein Leichtes, dieses Publikum auch zur Zivilisiertheit aufzufordern, ihre Ausrufe »Ausmisten« oder »Aufhängen« (akustisch nicht exakt zu verstehen) zu korrigieren. Es bräuchte nur ein Wort, eine Klärung des Redners, dass Gewalt oder Hass nicht erwünscht seien. Aber nichts. Schweigen.

Abends dann die Rede von Trump im Fernsehen. Sie übertrifft alles, was ich mir in meinen düstersten Visionen ausgemalt hatte. Ich hatte erwogen, sie nicht zu schauen, und stattdessen nochmal die Aufzeichnung von Obamas erster Amtseinführung zu sehen. Mit dem Auftritt von Aretha Franklin. Trumps Rede ist ein willkürliches Sampling aus christlichem Dogma (das er nicht teilt und sein Redenschreiber als klebriges Fingerfood für evangelikale Wähler:innen einstreut), einer radikalen Ideologie, die den Staat mit all seinen Institutionen ablehnt (»dies ist kein Übergang von einer Regierung zu einer anderen Regierung, dies ist die Übergabe der Macht von einer Regierung an Euch, das Volk« … so ungefähr). Gespenstisch. Protektionistischer Nationalismus, Abkehr von jeder internationalen Verpflichtung und pure »Blut und Boden«-Sprache … »*the red blood of patriotism*« … Ein totalitärer Alptraum von einem infantilen Narzissten, der sich mit rechten »*white supremacists*«, Oligarchen und semi-mafiosen Anwälten umgeben hat.

Abends dann in den »Südblock« am Kotti zum Tanzen … Gegenprogramm.

21. Januar 2017

Man wacht auf und wünscht sich, es wäre nicht gewesen. Der ganze Körper schwer. Wie verprügelt. (…) Kann heute gleich mit der Lektüre zu China beginnen – die werden diese amerikanische Autofokussierung in den nächsten vier Jahren geostrategisch für sich zu nutzen wissen. Die Bücher, die ich im November nach der Wahl bestellt habe, stapeln sich hier. Damit kann ich mich jetzt einlesen auf eine veränderte Weltordnung.

23. Januar 2017

Horror-Filme haben mich nie interessiert. Auch Science-Fiction-Thriller nicht. Ich habe nie »*Alien*« gesehen. Oder »*Shining*«. Doch nun erlebe ich mich beim suchthaften Betrachten der Nachrichten – mit so einer krankhaften Lust am Grusel.

Auf CNN das erste Trump *White House Press Briefing* durch Sean Spicer, den neuen Presse-Sprecher. Nachdem Trump gerade bei seinem Besuch bei der CIA erklärt hatte, er befinde sich »im Krieg mit den Medien« und Journalisten seien rundum »unehrliche« Menschen, nachdem seine Beraterin Kellyanne Conway erklärt hatte, sie habe »alternative Fakten« zu den Berichten über die Menge bei der Inauguration, darf man gespannt sein, wie eine solche Presse-Konferenz abläuft. Immerhin scheinen heute – anders als gestern – Journalist:innen Fragen stellen zu dürfen. *Surprise, surprise.*

Das scheint leider grundsätzlich fraglich: Über wie viel Respekt vor oder Geduld für Formalitäten, Regeln, internationalen Verpflichtungen verfügt dieser Präsident? Es ist nicht ersichtlich, ob er überhaupt *versteht*, was »Regieren« im rein handwerklichen Sinne bedeutet, was eine rechtliche verfasste Ordnung, was historische Institutionen, älter als eine Amtszeit, eine einzelne Person, eine Laune sind. Es ist nicht einmal klar, ob dieser Präsident versteht, was die Wirklichkeit, andere Menschen darin, jenseits ihrer Statisten-Funktion als Claqueure, Reflektoren seiner narzisstischen Einzigartigkeit bedeuten. Bei seinem Besuch bei der CIA war das Verstörendste: seine Blindheit für den Kontext, in dem er sich befand. Ob er nicht informiert wurde darüber, *wo er da stand*, vor welcher historisch bedeutsamen Wand, wessen Namen dort eingraviert sind und warum (Geheimdienst-Mitarbeiter*innen, die bei Einsätzen für die Vereinigten Staaten gestorben sind), oder ob er es wusste und es ihm keinerlei Demut einflößte – es ist kaum zu sagen, was fataler wäre ... Es gibt die Anekdote von dem Gespräch zwischen George W. Bush und Barack Obama bei der Übergabe des Weißen Hauses: Bush soll demnach zu Obama gesagt haben: »*If I can give you ONE advice? Don't fuck with the services.*«

Auf CNN beschreibt Spicer jetzt Trump als »*listening president*«. Das ist wirklich das Lustigste, was ich bisher gehört habe. Das ist ungefähr so, als würde Angela Merkel als exaltiert und enthemmt beschrieben (...) Jetzt sagt er »*Sometimes we can disagree with the facts*«. Antwort auf die Frage nach seinem professionellen Selbstverständnis. Ob er seine Aufgabe als Pressesprecher so verstehe, dass er der Wahrheit verpflichtet sei … jetzt geht es wieder um die Anzahl der Zuschauer bei der Amtseinführung … haben die wirklich nichts anderes zu tun? Wann wird die Penis-Länge verhandelt? Herrje.

Warum stehen die Journalist*innen nicht auf? Warum bilden sie die Kulisse für dieses Spektakel? Wenn nicht sicher ist, dass die Wirklichkeit eine gemeinsame Referenz bildet, wenn es keine Belege mehr braucht für Tatsachen-Behauptungen, wenn bestritten werden kann, was unbestreitbar ist – was soll das?

Ein wenig deformiert diese Zeit einen schon. Neben der sich auswachsenden Schusseligkeit, die das ohnehin imposante Termin-Chaos, das Corona produziert, noch vergrößert, ist auch eine leicht beunruhigende Neigung zum Idiosynkratisch-Nerdigen zu beobachten.

Neulich bin ich laufen gegangen zu Mahlers 2. Symphonie (Jennie Tourel / Mezzosopran, Lee Venora / Sopran, Leonard Bernstein, New York Philharmonic, 1964). Das war schon etwas eigen, lief sich aber ganz hervorragend. Nachdem wir Weihnachten absagen mussten, bin ich dann mit dem »Weihnachts-Oratorium« (RIAS-Kammerchor, Akademie für Alte Musik, René Jacobs) im Ohr joggen gegangen. Das hat Bach sich vermutlich eher nicht so vorgestellt, aber tröstlich war es doch. Wenn schon Klugscheißer, dann wenigstens sportlicher Klugscheißer, »*atletik bilmis*«.

Meine Freundin kocht seit Monaten Marmeladen. Alle Obstsorten vom Sommer und Herbst durch. Wir essen beide gar keine Marmelade. Sie kocht das ganze Sortiment für einen älteren Freund, den sie besonders mag und den Covid-19 sehr in die Zurückgezogenheit gedrängt hat. Ich vermute, sie hat ihm nicht einmal gesagt, dass sie das nur für ihn macht. Aber sie freut sich so wie er.

Ich hatte auch noch nie eine solch exquisite Winter-Klamotten-Ausstattung wie jetzt. Dieses permanente Spazierengehen oder »*cornern*« im Freien hat das Repertoire an Mützen, Handschuhen, Thermohemden und -Socken zu ungeahnter Wertschätzung gebracht. Neulich bin ich mit der Bahn nach Frankfurt gefahren, um einen Freund auf Bier und Sushi zu treffen. Nicht abends. Nicht drinnen. Sondern mittags, draußen, auf 'ner feuchten Bank am Main, bei nebliger Kälte und Nieselregen. Traumhaft. Wir haben da gesessen und geredet, *Asahi* getrunken, und sehr viel gelacht. Und dann bin ich wieder mit der Bahn zurückgefahren. Wenn ich über die schönsten Momente in diesem intensiven, schweren Jahr nachdenke, gehört der dazu.

Zum Ende des Journals bin ich noch einmal um Kreuzberg spaziert. Wie zu Beginn, im ersten Lockdown, als alles noch unwirklich schien. Ich habe den Stadtplan aus dem Schrank mit den Landkarten geholt und den Photographen und Freund Sebastian Bolesch gefragt, ob er mich begleiten mag.

Am Kanal bereiten sich die Obdachlosen in ihren Zelten auf den Winter vor. Einer hat den Eingang zu seinem Zelt adventgerecht mit Tannenzweigen geschmückt. Wie sie den Winter überstehen wollen, ist mir jedes Jahr ein Rätsel. Bei schrumpfendem öffentlichen Raum und wachsenden privaten Sicherheitsdiensten vor den Geschäften bleibt kein Platz. Die Obdachlosigkeit wird ortlos in der Stadt. Vielleicht ändert sich das wieder, wenn die Innenstädte ausdörren, weil der boomende Onlinehandel alles abschöpft. Wie wollen sie nur den Corona-Winter überleben? Die Obdachlosen, meine ich, nicht die Innenstädte.

Das Virus ist kein Gleichmacher. Die Asymmetrie der Verwundbarkeit, die Corona so gnadenlos freilegt, wird sprachlich retuschiert. Sonst würde ja deutlich, wie tief die soziale Ungleichheit in der Gesellschaft sich ausprägt in Krankheit und Tod. Da wird galant von »Vorerkrankungen« gesprochen, von besonders »vulnerablen Gruppen«, alles rhetorische Maskerade, die verbergen soll, dass es allzu oft Armut ist, die »vulnerabel« macht, dass es beengte Wohn- und Arbeitsverhältnisse sind, die das Virus zirkulieren lassen, dass all jene Faktoren, die das Risiko eines schweren Corona-Verlaufs erhöhen – Übergewichtigkeit, Diabetes, Rauchen –, eben auch mit häufigen Erkrankungen von prekär Beschäftigten oder »Angreifbaren«, wie Anna Mayr sie in einem exzellenten Artikel in der »Zeit« nennt, korrelieren.

In Deutschland fehlen Daten, anhand derer sich diese Verkopplung von Armut und Krankheit in der Pandemie ablesen ließe, aber Studien aus den USA und Frankreich verweisen darauf und auf die Wucht ungleicher, rassistischer Lebensbedingungen von Migrant*innen oder schwarzen Menschen, die überproportional stark von Covid-19 betroffen sind.

Je länger unser Spaziergang um Kreuzberg dauert, umso bedrückender werden all die geschlossenen Restaurants und Kneipen. Wie viele von ihnen werden im Frühjahr wieder öffnen können, wie viele werden den Lockdown nicht überleben? Einige wehren sich immerhin:

Hätte es einer Versuchsanordnung bedurft, mit der sich simulieren lässt, welches die fragilen Sollbruchstellen unserer Gesellschaften sind, diese Pandemie wäre der ideale Stresstest gewesen: Welche Strukturen unverzichtbar sind für ein Gemeinwesen, welche Bereiche nicht de-reguliert oder privatisiert werden dürfen, welche Güter allen gemein und öffentlich sein müssen, aber auch welche Vorstellungskraft, welche politische Phantasie es braucht, das Ausmaß einer Krise wirklich zu durchdringen, um in der gebotenen Radikalität zu reagieren – das wurde bitter deutlich. Nicht nur hier bei uns, sondern überall in Europa. Wie schnell gleichberechtigte Beziehungs- und Arbeitsformen unter dem Druck von Homeoffice und Homeschooling wieder regredieren in patriarchale Tradition, wie eilig es einige Regierungen haben, die Pandemie zu instrumentalisieren, um ihre autoritären Ambitionen auszuleben: ob in Frankreich, wo die Pressefreiheit eingeschränkt wurde, um die exzessiv gewalttätige Polizei zu schützen, oder in Ungarn, wo der (inzwischen wieder beendete) Ausnahmezustand die Opposition aushebeln sollte, wie widerlich die Arbeits-Bedingungen in der Fleisch-Industrie sind, wie prekär die Lebensbedingungen der Arbeiter, die nur mit Werkverträgen ausgestattet sind, von der Frage, wie die Tiere in Massentierhaltung gequält und getötet werden, mal ganz zu schweigen. Der Bericht »*When protection becomes repression*« von »*Amnesty International*« dokumentiert erschütternde Zwangs-Quarantänen in Lateinamerika. In den ersten Monaten der Pandemie wurden in El Salvador, Paraguay und Venezuela Zehntausende Menschen unter unwürdigsten Bedingungen in staatliche Quarantäne-Zentren gesperrt. Ihre Isolation wurde oftmals willkürlich verlängert, ohne wissenschaftliche oder nachvollziehbare Gründe.

Es wird sich noch zeigen, ob die Krise der Pandemie wirklich helfen kann, die sozial-ökologische Transformation zu beschleunigen, die die andere Krise – die des Klimas – uns ohnehin abverlangt. Oder ob sie als Alibi herhalten wird, um den nötigen Wandel zu einer post-fossilen Welt zu verhindern und die sozialen Asymmetrien weiter auszubauen. Das ist die Gefahr: dass am Ende alle so erschöpft sind von den ökonomischen Verlusten und demokratischen Zumutungen, dass unsere Gesellschaften einfach wieder blind zurück in die falsche Spur springen, ohne etwas zu lernen aus dieser pandemischen Erfahrung, ohne etwas zu verändern an der Art, wie wir leben und wirtschaften. Dabei hätten wir jetzt genügend Hinweise darauf, was unverzichtbar und was möglich ist, wenn nur der politische Wille da ist.

Ob es im März, wenn dieses Buch erscheint, so kategorial anders zugehen wird als im November, wenn ich dies schreibe, ist fraglich.

Trotzdem sprechen wir so: »wir sehen uns dann im Frühjahr wieder«, »wir feiern dann, wenn es wieder geht«, »wir reisen dann im nächsten Jahr nach«. Dieses Verschieben in ein vages Später, mit dem wir uns wechselseitig zu beruhigen versuchen, mag harmlos klingen, aber wer schwer krank ist oder älter, für den ist der Raum, in den hinein sich etwas schieben lässt, begrenzt. Das Später, in dem Sehnsüchte oder Bedürfnisse sich erfüllen können, ist nicht für jede*n erreichbar oder wahrscheinlich. Wer nur noch wenige Jahre vor sich weiß, für den ist ein Aufschub von einem Jahr furchtbar. Wer jemanden liebt, mit der nur noch begrenzte Zeit verfügbar ist, für die sind diese Monate der Pandemie nicht einfach Unterbrechungen. Manches geht unwiederbringlich verloren. Die *eine* gemeinsame Reise, die *eine* Feier, die *eine* Umarmung. Wessen Aufenthaltsstatus nur durch ein Visum oder eine Duldung mit einer begrenzten Laufzeit garantiert ist, für den kann es mitunter keinen Aufschub geben, sondern nur eine Verkürzung der Zeit bis zur Ausweisung.

Manches lässt sich nicht verschieben. Manches muss man eben herstellen. Manche Aufgaben müssen jetzt angenommen werden, manche Anlässe jetzt gefeiert, manche Zeichen füreinander jetzt gesetzt werden. Manches, was als nicht-notwendig entwertet wird, weil es in die Kategorie des Privaten fällt, braucht es jetzt besonders: Freund*innen zu besuchen, die in Not sind, Inseln der Unbeschwertheit zu schaffen, egal wie abstrus die Bedingungen, Gesten der sozialen Verbundenheit und der politischen Solidarität, sie waren existentiell in diesem Jahr und sie werden, hoffentlich, auch die nächsten Monate noch prägen. »*dostluğun mutluğu*«, das Glück der Freundschaft, aber auch der Empathie und des Engagements.

Bei all der ungewohnten Erlebnisarmut, der quälenden Immobilität, dem depolitisierenden Auto-Fokus, den ich nicht ausstehen kann, ist die Bewegung hin zu anderen, das Sich-Verausgaben, um etwas möglich zu machen, das sonst ganz normal, aber jetzt fast ausgeschlossen wäre, das eigentlich Essentielle, das wirklich Notwendige. Dieses Extra an Anstrengung für andere, mit anderen, dieses Suchen nach kreativen, leidenschaftlichen, lustigen Wegen, um das Unwahrscheinliche, Ersehnte, Utopische eben doch möglich zu machen. Vielleicht ist es das, was wir retten müssen in die Zeit danach: die Praxis der politischen Kritik, aber eben auch die Lust am Ausprobieren neuer, anderer Formen der Gemeinschaft. Vielleicht ist es das, was wir aufbewahren müssen von diesem Jahr, die Erfahrung der wechselseitigen Verwundbarkeit und der unbedingten, kostbaren Solidarität. Vielleicht ist es das, was bleiben muss, die Aufmerksamkeit für die internationalen Verbindungen. Vielleicht ist es das, was wir nicht vergessen dürfen, dass diese Pandemie eben auch eine historische Schwelle bedeutet, aus der sich großzügiger, inklusiver, gerechter, leidenschaftlicher als Gesellschaft hervorgehen lässt.

Bildnachweis

© Carolin Emcke: 11, 40, 48, 64, 71, 73, 87, 99, 109, 111, 126, 133,
    142, 150, 172, 190, 212, 213, 235, 241, 262
© Daniel Schwartz: 167
© picture alliance / ASSOCIATED PRESS | GREG ENGLISH: 84
© picture alliance / AP Photo | Jeff Widener: 85
© Sebastian Bolesch: 106, 175, 203, 264

Carolin Emcke, geboren 1967, studierte Philosophie in London, Frankfurt/Main und Harvard. Sie promovierte über den Begriff »kollektiver Identitäten«.

Von 1998 bis 2013 bereiste Carolin Emcke weltweit Krisenregionen und berichtete darüber. 2003/2004 war sie als Visiting Lecturer für Politische Theorie an der Yale University.

Sie ist freie Publizistin und engagiert sich immer wieder mit künstlerischen Projekten und Interventionen, u. a. die Thementage »Krieg erzählen« am Haus der Kulturen der Welt. Seit über zehn Jahren organisiert und moderiert Carolin Emcke die monatliche Diskussionsreihe »Streitraum« an der Schaubühne Berlin. Für ihr Schaffen wurde sie mehrfach ausgezeichnet, u. a. mit dem Theodor-Wolff-Preis, dem Otto-Brenner-Preis für kritischen Journalismus, dem Lessing-Preis des Freistaates Sachsen und dem Merck-Preis der Deutschen Akademie für Sprache und Dichtung. 2016 erhielt sie den Friedenspreis des Deutschen Buchhandels. Bei S. Fischer erschienen ›Von den Kriegen. Briefe an Freunde‹, ›Stumme Gewalt. Nachdenken über die RAF‹, ›Wie wir begehren‹, ›Weil es sagbar ist: Über Zeugenschaft und Gerechtigkeit‹, ›Gegen den Hass‹ sowie ›Ja heißt ja und …‹.

»Emckes Texte halten die Frage lebendig, ob es gleichgültig ist, wenn Menschen übertönt werden und verstummen, während andere beredt ihre Macht ausüben.«
Elisabeth von Thadden, Die Zeit

»Gut also, dass mit dem Friedenspreis […] eine Autorin ausgezeichnet wird, die erfolgreich an der moralischen Aufladung der politischen Auseinandersetzung des öffentlichen Geredes arbeitet.«
Jens Bisky, Süddeutsche Zeitung